NO SHORTCUT TO THE TOP

登顶无捷径

于智博◎著

西南财经大学出版社

中国·成都

图书在版编目(CIP)数据

登顶无捷径/于智博著．—成都:西南财经大学出版社,2019.9
ISBN 978-7-5504-4062-3

Ⅰ.①登…　Ⅱ.①于…　Ⅲ.①珠穆朗玛峰—登山运动—介绍—中国②于智博—生平事迹　Ⅳ.①G881.92②K825.38

中国版本图书馆 CIP 数据核字(2019)第 162102 号

登顶无捷径

DENGDING WU JIEJING

于智博 著

总 策 划:李玉斗
策划编辑:周晓琬
责任编辑:周晓琬
装帧设计:冯单单
责任印制:朱曼丽

出版发行	西南财经大学出版社(四川省成都市光华村街 55 号)
网　　址	http://www.bookcj.com
电子邮件	bookcj@foxmail.com
邮政编码	610074
电　　话	028-87353785
印　　刷	四川新财印务有限公司
成品尺寸	165mm×230mm
印　　张	14.5
字　　数	221 千字
版　　次	2019 年 9 月第 1 版
印　　次	2019 年 9 月第 1 次印刷
书　　号	ISBN 978-7-5504-4062-3
定　　价	69.80 元

献给我亲爱的爸爸、妈妈，和每一位信任我、支持我、关爱我的人。

写于 2019 年 5 月 19 日

登顶珠穆朗玛峰一周年

一个人生活的广度决定他的优秀程度。

——哈佛大学前任校长佛德鲁·福斯特

序一

一转眼，我跟智博认识差不多 10 年了。我们既是哈佛校友，也是好友。我知道智博从校园到投行到加入联想集团，一直都是运动场上的主力，保持着积极健身的习惯。但听说他才准备半年就完成了攀登珠峰这件“疯狂”的大事，我还是感到惊讶和佩服。

登山是不少企业家偏爱的活动。读过智博这样的勇士的记录，我觉得，这也许因为登山也是创业维艰的一个最有力的写照。设定明确的目标；看清自身的资源、能力和短板；实施完全的能力建设计划；组织团队，制定登顶战略；然后发起冲击。在这个过程中，天气风云变幻，风险和灾难无法完全预知，所有的计划都需要灵活应变。有时为了前进，必须停步重整，甚至推翻自我的一切预设，放弃眼前的成绩，从零开始。

这个过程对心力和心智的锤炼非同凡响。智博也告诉我，站在珠峰之巅的他，和在珠峰下仰望雪山苍穹的他相比，多了无数难与外人言的感悟和巨大的成长。

我和智博都是留学归来，受中国创新大潮感召而从金融界投身企业界。我们相识的这 10 年，中国的经济和产业发生了天翻地覆的变化，千百万青年的人生因此而改变，我们的生活方式也被重新定义。一代新的科创企业成长起来，站上了全球创新与竞争的赛道，我们都是这个伟大变革中幸运的受益者，也都希望为这个勇猛精进的时代贡献微小的推动力。

然而，和登山一样，创新产业在转型时代的成长和成熟历程，也是一道陡峭的学习曲线。面对巨大的挑战，我们会因为准备不够充分、视野不够开阔、组织不够强健而犯错和跌倒。作为团队的领头人，也会有极度孤独和沉重的时刻。

但就像智博所记录的，一旦这个梦想生根发芽，一旦我们心里知道在浓重的云雾后，山巅就在那里无声地召唤着我们，那么再多的挫折，我们也无法轻言放弃，只能对自己进行最诚实和无情的复盘，然后改变，然后继续前行。在这个过程中，我们个人和团队的成长和蜕变，甚至可能比登上珠峰本身更加宝贵。

珠峰海拔 8 848 米，这是我的孩子们也铭记于心的数字。但和攀登珠峰不一样的是，一个个体、企业和国家的成长，并没有这么清晰的终极高度。我们在每段旅程中思考着下一段旅程的价值和意义，持续地设立目标，并为此展开世代的接力。今天的智博在收获喜悦的同时，一定已经在制定下一个更有挑战性的任务。而他在 8 848 米高处展开的那面红旗，也激励着他的朋友们包括我自己，在各自的岗位去寻找和攀登我们的下一个珠穆朗玛峰。为了这个喜悦的时刻，朋友们当浮一大白。再次恭喜智博。

柳青

滴滴出行总裁

2019 年 4 月

序二

高大、帅气、肌肉男，但又很优雅、很“gentleman”；感觉特洋气像个ABC，但又一口北京话比谁都更接地气，这是我对智博的第一印象。后来逐渐了解他后，发现他是个不折不扣的事业狂人，拥有国航终身白金卡的超级飞人，还是个自带流量的“网红”，上过“非诚勿扰”并顶着“一站到底”总冠军的光环。在哈佛圈子里几乎没人不认识大于。

在哈佛华南校友会筹备组一起工作的时候，大于跟我说他要去爬珠峰，我一开始没当回事儿，因为那会儿刚认识并不了解他。我心想哈佛的人都挺能折腾，不过我去过尼泊尔安娜普纳，也就三四千米的高度，但已经被高反折腾得半死，爬珠峰应该就是大于一时兴起说说而已，毕竟这种事情离我们普通人太远了。

过了几个月，看着智博逐步传回校友会微信群的照片，大本营、一号营地、二号营地、三号营地！登顶这件事儿好像有点靠谱。我的精神紧绷程度逐渐跟智博攀登的高度同步，不管白天黑夜都要去校友群翻翻，等着智博传回新的消息。终于，在一个大家最不注意的晚上，智博在世界之巅的照片传回，瞬间引爆了整个哈佛中国校友圈！值得一提的是，智博特别制作了一块带着深红色“Veritas”校徽的哈佛华南校友会铭牌，冒着冻伤的风险在登顶时赤手高高举起！智博这一壮举立刻成了校友圈里津津乐道的话题，哈佛华南校友们更是倍感自豪。

激动之余，不由心生一丝敬佩：智博真是个言出必行、使命必达的好汉！他这一路走进哈佛，步入花旗，再到联想，并“不甘寂寞”地踏上创业之路，正是受这一股永不放弃追求卓越的精神驱使！而智博的这一精神，又在另外一个与珠峰和哈佛相关的故事中体现得淋漓尽致，这次则是我亲眼见证。

转眼间智博登顶已经过去近一年了，哈佛华南校友会也在筹备组的辛勤付出后正式取得校方认可，成为大中华区第五个哈佛官方校友会。校友会成立不满一周便参与策划了刚上任不久的哈佛大学校长白乐瑞（Lawrence Bacow）的香港之行，创始董事得到校长接见。智博提出把珠峰登顶的校徽铭牌装裱好作为送给校长的贺礼，大家立刻拍手叫好！

而当我们满怀热诚准备给校长献礼时，校方的活动负责人员反复强调校长行程中并没有安排此环节，要求我们把礼物留给校长的随行人员即可，因为临时改变行程没有可能。担心这份珍贵的回忆石沉大海，我们反复尝试说服负责人员，但没有任何效果，最终我无奈地接受了现实，但一肚子都是惋惜。可不一会儿，智博一脸自信地过来跟我说，我们不但有机会亲自把礼物献上，而且校长会专门抽时间单独接见我们华南校友会几位创始成员。原来，就在其他人心灰意冷之时，智博通过不断的努力找到了当天活动的总负责人、主管校友事务的哈佛副校长李百恩（Brian Lee），李校长得知事情缘由后非常兴奋，认为这个礼物意义非凡，并因此特别改变了白校长的行程。

当哈佛校长白乐瑞见到智博高举校徽登顶的照片时，他立刻激动地呼唤太太共同见证，这是哈佛创校 383 年历史上“Veritas”校徽首次登上世界之巅！此刻我全明白了，智博珠峰登顶偶然中充满必然，这甚至是他的宿命，因为智博的人生就是一个个突破险阻、跨越巅峰的故事。真诚、乐观、正能量、无畏困难，相信人生中没有智博征服不了的珠穆朗玛。

周鸿儒

哈佛大学本科 2007 届 AB

哈佛华南校友会会长

碧桂园创投总经理

2019 年 5 月

合作伙伴寄语

我曾经去过珠峰大本营，但从未想过去攀登珠峰。当我确定 Lawrence 是相当认真（要去攀登珠峰）的时候，我突然想到，为什么不用联想手机拍下世界之巅的景色呢？这是联想集团创立 35 年来第一次有产品登上世界之巅的机会，也是对我们产品质量的一次天然的极限考验。对 Lawrence、对联想都很有挑战性！

说实话，我当初对 Lawrence 此次能够登顶并没有抱太大希望，毕竟他几乎没有登山经验。当我最后看到他成功登顶时，我非常激动！并不仅仅是因为他漂亮地完成了联想手机代言人的任务，更是我作为一位前同事、一位老朋友，真心为他感到高兴！

—— 乔健

联想集团高级副总裁

Chief Marketing Officer & Chief Strategy Officer

山不过来，我就过去！人生如登山，需要知难而上的勇气和脚踏实地的坚持，一步接着一步，没有捷径。作为户外探险运动的登山，更是如此。登山是对一个人综合能力和心理素质的极致考验，所以，登山的最大收获，不是是否登顶，而是在整个过程中你学到了什么，感悟到了什么，内心得到了什么样的成长，还有就是，你的攀登故事为他人带来了怎样的正向、积极的影响。智博做到了这些。新一代年轻人的榜样，他当之无愧。世上无难事，只要肯攀登，继续加油！

—— 王静

《静静的山》（*Silence of the Summit*）的作者

探路者控股集团股份有限公司董事长兼总裁、联合创始人积跬步，方能至千里；积小流，方以成江海。凡事没有捷径。登顶珠峰，是对人的信念、理想与生命力的极致考验，一步一步，踩过每一寸冰雪，敬畏自然才能领略 8 848 米的高度与格局。于智博绘就了自我人生的新高度，我为他感到骄傲和自豪。

很荣幸，一瓶 100 毫升的青花郎以见证者、陪伴者的身份，跟随于智博一起登顶世界之巅，是登顶珠峰的第一个白酒品牌（增加了于智博的负重，现在回想起来还有点后怕）。促使我们走在一起的，是对自我的极致要求、对事业的极致尊重，正如郎酒一直坚持对品质的极致追求一样。

任何事情，只要做到极致，就自然会产生无限感染人、打动人、鼓舞人的力量。山登绝顶我为峰，神采飞扬中国郎。向于智博不畏艰险、自我挑战、勇攀高峰的极致精神致敬！

—— 易明亮

郎酒股份青花郎事业部常务副总经理

我们和智博是非常好的合作伙伴，更是好友。第一次听说他要挑战珠峰时，我们都捏了把汗，因为这一路上充满了太多的危险和不确定性。但事实上，攀珠峰他并不是心血来潮，更不是仅靠运气。从高中起，智博就是学校的主力运动员，20 年坚持健身至今。做出攀登珠峰决定后，他就密集接触各地雪山和徒步旅行的信息，有针对性地进行训练……正是凭借这些经年累月的积累，他最终抵达了 8 848 米这个常人无法企及的高度！攀珠峰如此，干事业同样如此——笃定的目标，缜密的计划，再怀揣一份不惧艰险的勇气，不断挑战自我的极限！恭喜智博，祝福他和他的团队，也感谢他为所有年轻人带来的这一堂人生之课！

—— 蒋琳

天府国际基金小镇原总经理、五粮液集团副总经理作为智博的好友，初闻他准备挑战珠峰，除了鼓励和支持，还是不可避免地揪着一颗心。8 848——不是一个单纯的高度和数字，它是一个坎儿，也是成为精神巨人的一道门。

智博多年健身，我们对他的身体素质充满了信心。但是在 8 000 米及以上的死亡地带，任何人都不会得到特殊眷顾。身体达到极限后，唯有不屈的毅力才能让人继续前行。

感谢事如人愿，智博凭借出众的体能、过人的意志和缜密的计划成功登顶珠峰。他在突破自我的同时，也成为我们又一个精神标杆，让我们感受到突破极限之后，生命和精神拥有如此巨大的力量。

—— **沈慧林**

万希泉钟表创始人

—— **连海林**

万希泉钟表国内分公司董事长

和智博初识，感叹于他的智慧与才华；支持智博攀登珠峰的决定，是因为这正是人生的真谛。循经而上，坚持不懈，才能创造属于自己的辉煌。人生如是，事业亦如是。那是一种只要没到生命的尽头，就要前行不止的决绝。虽然前行的路上，有荆棘与坎坷，但只有经过历练，人才会变得豁达、宽广，拥有不一样的人生感悟。

很开心，SoReal 可以陪伴与见证智博登顶珠峰。作为一个立志将中国文化用科技手段传承下去并发扬光大的品牌，SoReal 坚信，中国正在崛起，而我们将以孜孜不倦和坚定不移的信念与勇气继续前行！

—— **齐笑**

当红齐天国际文化发展集团联合创始人兼董事长

每个人都应有自己的梦想和目标，或惊天动地，或细水长流。于智博从初级登山者，以惊人的速度成功实现登顶珠峰的梦想。除了自身实力之外，大胆不鲁莽，勇敢有策略，善于借助专家与外力，克服一切困难，坚持不懈的精神都是于智博成功的原因。我祝贺他实现梦想！

——李中

妥妥递科技联合创始人

哈佛大学商学院 2009 届 MBA

珠峰是极限与挑战的象征，问鼎珠峰是很多人一生的梦想，但是又有多少人能付诸实践，大多数人甚至都不敢想象。于智博勇于挑战自我，说到做到，实现了自己的登顶梦想，恭喜你，为你骄傲！一滴汗水，一片耕耘，收获人生，愿勇攀珠峰的精神伴你一生！

——姚耀

妥妥递科技联合创始人

哈佛校友寄语

这位“输在起跑线上的哈佛男孩”，在“一站到底”夺冠，又在珠峰成功登顶，我在北大听了他登顶历险的讲座后，感悟到这位忘年交师弟的奋斗不息精神不仅能感染我，也会激励每个读者。

—— 许国庆

哈佛大学商学院 1993 届 MBA

诚迅金融培训公司董事长

我和于智博是在哈佛大学华南校友会的董事会上认识的，共事期间非常钦佩他的热情和执着。攀登珠峰可不是每个人都敢有的梦想，于智博用他的毅力、勇气和自我管理，通过专业的知识和技能做到了。这是一本勇敢者日记，既可以当作知识类型的书学习，也可以当作兴趣爱好翻阅。

—— 李震

哈佛大学本科 1993 届 AB

马凯资本创始人董事长

初次认识 Lawrence 是在 2018 年 6 月一个哈佛校友会活动上，得悉他刚登上珠峰回来，真的非常不简单！其后有幸能邀请他在一次校友会聚餐做演讲嘉宾，分享他作为一个创业家登峰的成功经历。他的经历令大家深信：对梦想坚持，凡事可成真！

—— 黄观保

哈佛大学 1999 届 GSAS 硕士学位

摩根士丹利执行董事

智博的身上体现着当代中国青年人特有的气质和品质：放眼世界，但植根于中国；搏击事业，更热爱生活；目标明确，却不故步自封。我欢迎《登顶无捷径》的出版，一定先睹为快！

—— 周鸿松

哈佛大学天体物理学 2001 届博士

芝加哥大学金融数学专业客座教授、香港嘉瑞咨询有限公司联合创始人

初见 Lawrence，他给我的印象是一个腼腆阳光的大男孩。我们成为华南校友会组织团队伙伴之后，我发现他是一个富有热情的行动派。从他准备登珠峰到完成登顶壮举并且史无前例地把哈佛校徽带上世界之巅之后，我终于发现他是一条真汉子！

—— 邓旻衢

哈佛大学设计学院 2002 届建筑设计硕士

URBANERGY Inc. 奥博能建筑设计有限公司创办人、主持建筑师

哈佛 MBA 登珠峰，看起来偶然，但是所有的偶然背后都是必然，没有充分的人生准备，大于是不可能登上峰顶的。愿这本书给你带来启发！

—— 康妮

哈佛大学商学院 2002 届 MBA

瑞利溪咨询 CEO、畅销书《如何结交比你更优秀的人》作者

所有看过 2015 年电影《绝命海拔》的人都会知道，登上珠峰不仅仅是对一个人体质的测试，更是对意志力、判断力和约束力的一次全面考验。于智博登珠峰的故事是生活在你我他身边的人去接受这样一次考验，是一段战胜自然和自我的

惊心历程。相比好莱坞的电影，这本书给我的触动更直接也更深刻。

—— 陈桐

哈佛大学本科 2003 届 AB

哈佛大学法学院 / 哈佛大学商学院 2010 届 JD/MBA

春华资本集团合伙人

不是每个人都适合去登珠峰，但几乎每个人都能从大于登珠峰的故事里得到启发。

—— 刘亦婷

哈佛大学文理学院本科 2003 届 AB

秦岭资本合伙人

于智博和我是哈佛校友，也是江苏卫视“一站到底”世界名校挑战赛哈佛战队的队员！在艰难地赢得冠军的过程中，我对他的才华、人品和智慧非常佩服！为他自豪！一年后得知他又挑战自己登上了珠峰，更是由衷地赞叹！一个从精神到体力都这么强悍的人，是中国青年真正的楷模！

—— 孙玉红

哈佛大学肯尼迪政府学院 2003 届 MPA

问校友教育创始人

People looking from top to bottom have totally different world view than people looking from bottom to top.

—— 许亮

哈佛大学商学院 2003 届 MBA

合一资本创始合伙人、哈佛北京校友会副会长大于登珠峰是创业者精神的集中体现：冒巨大风险，成就伟大事业！

——杨瑞荣

哈佛大学商学院 2003 届 MBA

远毅资本合伙人

大于和我两家人是世交，他也是我的哈佛学弟。他在事业和学业方面都非常优秀，总是能达到别人无法企及的高度。这次攀登珠峰又一次达到了新的高度，他是我认识的唯一到过世界之巅的人。

——杨玥

哈佛大学商学院 2003 届 MBA

前凯雷投资集团董事

一个坚韧、有勇气、有梦想、坚持做自己、不断挑战自我的可爱的大男孩！看够了形形色色的所谓世俗的“成功”，大于登顶，才是真正的一股清流，一派清凛！

——梁枫

哈佛大学商学院 2004 届 MBA

梭罗《野果》译者、鲁迅文学奖陈先发《九章》译者

大于登顶珠峰前，我和他还在商量关于哈佛校友会的一个活动事宜。他在二号营地、海拔 6 500 米处对我说：一定准时来。说到做到，是大于的人生信条。他在最小的事上是这样，在大事上也是如此。草蛇灰线，伏脉千里。有这样的人生信条，一个珠穆朗玛峰，还远远不是大于的人生顶点。

——郁飞

哈佛大学商学院 2005 级 MBA

毕括咨询董事长、银虎国际资本合伙人

原哈佛商学院北京校友会会长、现哈佛大学北京校友会董事

在 45 度倾斜的雪坡上，10 级大风的狂啸也挡不住他向上的脚步…… 这是我记忆最深刻的一段视频。Lawrence 登顶成功的背后是日复一日枯燥的体能训练，是挑灯夜读各种文献资料，是克服恐惧的心理建设。正如他说的，成功没有捷径！

—— 王瑄

哈佛大学商学院 2006 届 MBA

亚腾投资（上海）有限公司主席

同 Lawrence 相识源于一次云南香格里拉的徒步活动，印象中的他能“折腾”、精力无限。但没想到他几年后“折腾”去了珠峰。在微信朋友圈追随了他登顶的全程，叹服他的勇气和毅力，尤其是在随时要应付困顿和危险的过程中他仍不间断地用文字和图片给我等蝇营于日常的人传达正能量。相信在他每一个“折腾”的背后，都有一颗强大的心和对生活无比的热爱。

—— Frank Sun

哈佛大学法学院 2007 届 LLM

Latham & Watkins 律师事务所合伙人

Lawrence 和我是哈佛校友。他是一个有抱负、有理想，为了实现人生目标而努力奋斗的人。登上珠峰是 Lawrence 对自己的又一次严峻挑战。为你骄傲！

—— Amanda Cheng

哈佛大学牙医学院 2008 届 DMD

US Sleep Apnea 创始人、主任医师

对于每个登山者来说，攀登珠穆朗玛峰都有其独特的意义。感受人类极限，不断挑战自我，用生命探索未来，这也是大于对人生的诠释和对朋友们的激励。

从海拔 8 848 米到 8 849 米，这一米的高度是精神高度，愿大家都有勇气攀登每个人心中的珠峰。

—— 高毅

哈佛大学商学院 2008 届 MBA

百放新药孵化中心联合创始人、医疗投资人

哈佛商学院上海校友会主席

Lawrence 的行动力、勇气及毅力总是令人感动，这次登顶珠峰的经验相信也可以为读者提供更多生活的启发！

—— Michael Chuan

哈佛大学商学院 2008 届 MBA

沃尔玛中国副总裁

我认识大于将近 10 年，我一直相信他会到达常人不能到达的高峰，没想到竟是世界最高峰。大于是我人生中认识的第一位也是目前唯一一位到过世界之巅的人。

——王俊

哈佛大学商学院 2008 届 MBA

L Catterton Asia 合伙人董事总经理

大于是我们中国“80 后”的榜样，这次登顶珠峰，也是我们哈佛校友的骄傲！他总是待人谦逊友善，乐于分享，并帮助他人。他对事业和生活总是保持好奇和开放的心态，从不随波逐流，果敢地认定方向，果敢并高效执行。他阳光正向的价值观也总是深深感染和鼓舞着周围人。他不断挑战和超越自我背后的勇敢、坚毅、淡定令我佩服和尊敬。期待《登顶无捷径》一书的出版！

—— 肖祎

哈佛大学本科 2008 届 AB

新希望集团原首席投资官、新希望草根知本集团副总裁有些人生，温和平淡，多年一成不变；而另一些人生，起伏跌宕，时常会爆出惊喜。智博的人生显然属于后者。相识于哈佛商学院，迄今已有一轮，期间智博的精彩人生经历屡屡让我这个老同学喝彩。登顶无捷径，成功亦然。走进智博的登顶之旅，了解他背后的勇气与坚持，相信这本书会带给您共鸣与启发。

—— 白荻

哈佛大学商学院 2009 届 MBA

知合出行科技有限公司总裁

Amazing achievement! Not everyone can climb Everest, but Lawrence's story is an inspiration to us all, reminding us, in our own lives, in our own way, to dream big and take risks.

——Hang Tan

哈佛大学商学院 2009 届 MBA

贝恩咨询公司合伙人

我自己曾经一直有登顶珠峰的想法，也曾徒步过珠峰大本营。当年哈佛商学院同一学习小组的同窗及好友 Lawrence 提前完成了这一壮举，钦佩他的决心和毅力。他为我们立下了榜样！

—— 吕崴

哈佛大学商学院 2009 届 MBA

太盟投资集团执行董事

哈佛的圈子，最不缺的就是各路精英，于智博是其中最让我敬佩的一位。我记得念书的时候，非金融出身的他为了弄懂金融的课程，经常学习到深夜两三点。当大多人屈服于繁重的学业和眼花缭乱的活动时，于智博还游刃有余地写了两本书。大于在哈佛不是最聪明的，是他的坚忍不拔、行事果断、坚定意志，让他一直走在了大多数人的前面。当大于告诉我要去征服珠峰的时候，我就觉得他一定会成功，就像他已经征服的人生中的一座又一座其他珠峰一样。大于，你是我们哈佛人的骄傲！

—— Robin Zhang

哈佛大学商学院 2009 届 MBA

Nike 资深总监

我和于智博同一年从哈佛毕业，之后一直关注他。他屡屡挑战事业和生活中的种种极限。但我万万没想到几乎毫无登山经验的他，居然第一次尝试攀登珠峰就成功登顶了！不过，我并不建议其他人效仿，毕竟他是运动员出身，底子好。

—— **谭矿**

哈佛大学法学院 2009 届 LLM

美国美富律师事务所合伙人（香港办公室）

认识大于十多年，一个字形容他——“拧”。凡事越是困难，他越充满斗志，每一个生命中的高点只会是他下一个起点。这次他真的登顶至最高点，驻足回望这段旅程，灵魂深处的积淀和蕴藏的能量，势必触动心绪，期待本书的出版！

—— **周恩赐**

哈佛大学商学院 2009 届 MBA

谷歌中国战略合作总监

“再不疯狂就老了！”这是我认识于智博十多年来对他的印象。从小时候一个人背包来美国，到哈佛毕业后在成都创业，再到哈佛历史上攀登珠峰第一人。

在疯狂的背后，我看到的是不断挑战极限的他，不断超越自我的他，执着前行的他！这是我的好哥们于智博！

—— 张自权

哈佛大学商学院 2009 届 MBA

时代资本创始合伙人

听说 Lawrence 要去珠峰，我把登雀儿山（海拔 6 168 米）的攻略发给了他，心想，你先登个雀儿山再说。结果这位老兄竟然一鼓作气登上了 8 848 米！登珠峰需要勇气、毅力、体力，更需要缘分——人类在大自然面前，永远渺小。期待 Lawrence 以珠峰之巅的格局和眼界，登上人生的一个又一个巅峰！

——常黉星

哈佛大学肯尼迪政府学院 2010 届 MPA

中国投资有限责任公司私募股权投资部负责私募信用投资

登珠峰犹如创业，是非常难得的人生体验。

—— 陈强

哈佛大学肯尼迪学院 2010 届 MPA

远毅资本合伙人

我和 Lawrence 去过贵州和新疆，每次跟他去爬山我都非常佩服他不抛弃、不放弃的态度，值得我们学习。

—— Damian Isler

哈佛大学商学院 2010 届 MBA

Gessner 集团总裁（瑞士）

之前听说大于去登珠峰，我就觉得这个想法很疯狂；不过再想想，有意思的生命不就是应该疯狂地享受和度过吗？我或许没有勇气或者能力去攀登珠峰，但通过读大于的《登顶无捷径》，能够领略一把疯狂的人生，妙哉！

——林洁敏

哈佛商学院 2010 届 MBA

商汤科技副总裁

如果你和 Lawrence 一起上过健身房，你一定会对他傲人的肌肉曲线印象深刻，但是要攀登珠峰光靠一身肌肉是不够的，必须有像 Lawrence 一样超乎常人的"心灵肌肉"，这是 Lawrence 最与众不同的地方，他有惊人的意志力、抗压性和说到做到的魄力，因此他才能不断征服他人生中一座又一座的"珠峰"！

——Mark Lin

哈佛大学商学院 2010 届 MBA

摩拜单车海外运营主管

Lawrence 在哈佛校友圈内赫赫有名，是个超级"斜杠青年"。2017 年我们在非登山季去到墓士塔格峰大本营时，他就一马当先跑上了海拔 5 500 米的雪线。登顶珠峰又一次证明了他勇于突破自我，但和他人生中许多其他成就一样，特别水到渠成！

——唐蜜

哈佛大学法学院 2010 届法学硕士

凯易律师事务所 (Kirkland & Ellis) 香港办公室合伙人

听说大于登珠峰，我并不意外，因为他一直是一个执着、坚持、敢于挑战并能够实现梦想的人。祝贺他！

—— 张学午

哈佛大学商学院 2010 届 MBA

供职于苹果公司

认识大于九年了，一直以来他给我留下的印象就是果敢、有冲劲儿、有韧性。去登珠峰，既在意料之外，也在情理之中。登珠峰不是拼体力，而是细致的系统工程，充满规划、准备、沟通和执行等各方面的挑战。登珠峰所需要的素质，也是职业成功的重要因素。非常期待大于的书，也祝愿大于继往开来，不断挑战人生新高度！

—— 朱宏炜

哈佛大学商学院 2011 届 MBA

普超资本合伙人、哈佛商学院北京校友会联席主席

一步一攀，一呼一吸，山之仰止，人之敬畏，万古长空，一朝白雪。恭喜校友，身体力行，证明了“脚下每一步的方向比速度更重要”。

—— 艾诚

哈佛大学肯尼迪学院 2012 届公共政策硕士

艾问创始人、赛富亚洲投资合伙人

攀登珠峰，需要的不仅是信心和勇气，更是源于自身的过硬素质和综合实力，还有拥抱可控风险的积极态度和坚毅执行力。Bravo！大于！

—— 王思佳

哈佛商学院 2012 届 MBA

波士顿咨询公司大中华区职业发展和人才流动经理

A. 我知道大于一定会带着好消息回来！

B.Lawrence 让我头疼。

C.《登顶无捷径》中讲述了大于的失败、教训，当然也有他的成功。我们更多的是从一次次挫败而不是胜利中学习更多。这就是现实，但你一定会爱上大于的探险经历！

—— **吴沁沁**

哈佛大学设计学院 2013 届 MDES

Ground Truth 中国区市场营销及销售经理

大于给人的印象是谦逊、勤奋和坚持，恰和登山者的要求不谋而合。他的故事，为哈佛贡献了一段传奇，更是哈佛中国人的骄傲。

—— **洪海**

2014 — 2016 哈佛访问学者

《哈佛中国人》作者

Lawrence 的成功登顶令人欣喜却并不意外，因为他时刻让人感受到强烈的拼搏精神和斗志。期待 Lawrence 的更多捷报。

—— **佘祖熙**

哈佛大学教育研究生院 2014 届教育学硕士

熙点教育创始人 & CEO

为 Lawrence 的勇气与毅力点赞，他总是在创造着奇迹。

—— **许潇蘅**

哈佛教育学院 2014 届教育学硕士

博实乐教育集团出国留学中心总监

大于是我人生中认识的第一位也是唯一一位到过世界之巅的人，其精神让我敬佩。

—— 张国威

哈佛大学设计学院 2016 届建筑设计硕士

GWP 建筑事务所总裁兼主持建筑师

珠峰是世界至高点，是人类徒步能够到达的极限。但智博师兄成功登顶，在自然界最严酷的考验中不退缩、不却步，一往无前、探索极限，是哈佛中国校友的榜样，我们以他为荣。也希望通过这本书激励更多国人为心中梦想奋斗，为中国梦奋斗！

—— 张润州

哈佛大学肯尼迪政府学院 2017 届 MPP

贝壳海外事业部总助、北京大学外聘教师

登珠峰，对于我们大多数人来说很遥远，是件非常“离奇”的事儿！但是 Lawrence 去登珠峰我并不奇怪，因为他是个有着非同寻常能力、非常笃定、极其有信念的人。我一直很佩服他的勇气、能力和决心，也期待阅读这本书！ I'm sure it will be an amazing read.

—— 朱梓橦

哈佛大学 2018 届 LLM

凤凰卫视主持人

我还记得 Lawrence 在登山途中还和我发有关工作的信息，他就是这样一个什么都做到，什么都在挑战自己的人。期待 Lawrence 的新作！

—— 陈悦

哈佛大学商学院 2019 届 MBA

必得文化传媒创始人

得知智博勇登珠峰的故事要出版成书，我不仅为他高兴，更为年轻的读者们高兴，因为我曾经也是其中的一位。直至今日，我与智博算是经历过悲欢离合的老兄弟了，我在十多岁那会儿受益于智博的自传三部曲，从俄勒冈乡村高中到哈佛商学院的每一步让我都觉得，因为他的鼓励，我开始了在成长道路上的自我探索。在过去的十多年里，我与智博的关系也一直在变化，从一个简单的崇拜者，到能够互相倾诉分担的兄弟，直至 2018 年，我也成为哈佛商学院的校友。我们平日各自工作充实繁忙，但也不忘时不时地互相问候，感谢智博在我成长的第一个关键十年里的鼓励，因为这段经历让我实在感叹岁月与命运的奇妙，而我也希望这样的相互支持与感情会成为我们未来更多十年的重要基石之一。

—— **戴华伟郎**

哈佛大学商学院 2019 届 MBA

新前沿生物医药投资控股战略投资总监

哈佛大学校长来香港时，很自豪地说，我们有一位哈佛校友代表登顶珠峰了！我很自豪地说，大于敢于追梦，坚持不懈，相信他也会把这种登顶精神应用于生活中的所有领域！

—— **于盈**

哈佛大学肯尼迪政府学院 2019 届公共政策硕士

凤凰卫视制片人、主持人

以前只知道登珠峰很难，Lawrence 让我确确实实地知道登珠峰有多难，多么挑战人的极限。但登顶成功和 Lawrence 的性格是分不开的：绝不放弃，言出必行。

—— **冯培轩**

哈佛大学商学院 2021 届 MBA

Facebook 大中华区营销方案经理

经过一年多的不懈努力，哈佛大学华南校友会终于获得校方批准及授权，于2019年2月正式成立。同年3月，华南校友会创始成员向哈佛大学现任校长白乐瑞及夫人、副校长等人送上哈佛校史上飘扬最高的校徽。

前言：跟着大于登珠峰

起因

ORIGIN

说起珠穆朗玛峰想必很多人都感觉既熟悉，又陌生。毕竟我们小学就学过珠穆朗玛峰是世界最高峰，有 8 848 米，位于我国西藏境内。但同时对于很多人来说，她又很陌生。珠峰到底在哪儿呀？长什么样子啊？ 8 848 米是多高啊？别说去过，很多人一辈子就连看都没有看到过这世界最高峰的尊容。我很有幸，在 2012 年秋天驱车前往珠峰北坡大本营，远眺了她的尊容。那时候能看一眼珠峰，远远地合个影，我就已经觉得很了不起，很知足了。压根就没想过要去攀登珠峰，那是训练多年的专业登山队才有可能去尝试的事情。

2016 年 4 月，我组织哈佛校友前往云南山区开展了一次扶贫及徒步活动。在那次活动的徒步环节里，大部分时间我们较轻松地沿着山路徒步。但其中有一天，商学院的陶一阳、法学院的王旻初和我三人与当地藏族向导索楠组成了一个小分队向大宝山前进，目的是挑战一下自己，感受一下累和难。当天我们走了 20 多公里山路和雪地，大约 13 个小时。早上天才微微亮我们便出发了，夜里 8 点过，一片漆黑才回到牧民的小木屋。一进屋，我就瘫坐在火堆旁，大口大口喘气，半晌没说话。20 多分钟过去我才终于缓过劲儿来。那天我第一次真正领略了高原大自然的威力。我穿着平时健身房里穿的透气跑步鞋和牛仔裤就上山了，那个时候我连一双普通徒步鞋和一条软壳裤都没有。过膝的积雪很快就把我的鞋和裤子浸透了，呼啸的山风和飘扬的大雪也让我难以招架。最后我们没有登上大宝山，只是远远地看了看。就这样，我当时也已经累得筋疲力尽。但正是这次准备不足的云南徒步，勾起了我对高山的兴趣。

2016 年的 10 月，我又组织了一次哈佛校友新疆喀什秋游活动。那次活动让我第一次近距离接触了一座在登山圈里排得上号的雪山——慕士塔格峰。但我仅仅是在其大本营过夜，然后第二天趁着自由活动时间“溜达式”地向上攀爬了大概 3 小时。刚刚触摸到雪线，我就折返下山了。这一次我爬山仍然没有任何登山装备，没有氧气瓶，甚至连徒步鞋都没有，又是仅有的一双跑步鞋和一条牛仔裤。当地向导对我在毫无准备而且毫无装备和经验的情况下能“溜达”到慕士塔格的雪线，然后还毫无高原反应现象，感到惊讶并连连赞叹：“你怎么敢就这样上去？”“很多登山队要准备一年才敢上山！”“你真的一点高原反应都没有吗？”后来我才知道，我到的雪线已经是 5 500 米了，而且很多登山队是把慕士塔格当作冲击 8 000 米高山的训练山峰来对待的。也就是说，要想登 8 000 米的雪山，就要先过慕士塔格这一关。不过我们的新疆当地向导看了我的状态后半开玩笑地说：“智博，我觉得你可以跳过慕士塔格，直接挑战珠峰了。”谁知道他这一句玩笑话，却真的挑起了我对珠峰的兴趣和一些想法，而且在两年后还成真了。在这之前哪儿敢考虑攀登珠峰啊！那是连想都不敢想的事！那是职业登山运动员的事！

一年后，我只身前往尼泊尔，徒步去珠峰大本营，并攀登了岛峰。这是一次踩点，或者说是一次摸底测验。由于从国内的北坡攀登珠峰需要办理各种烦琐手续，而且就算手续办完了也不见得就能获得登山许可证，所以我放弃了从自己国家登珠峰的打算，转而把目光抛向了从南坡的尼泊尔登珠峰。可去过几十个国家的我还偏偏一次没去过尼泊尔。饮食如何？天气如何？当地人态度如何？登山路线条件如何？救援成熟吗？等等，我一无所知，但又都必须了解清楚。所以，我就趁着“十一”黄金周假期，去了尼泊尔，徒步 10 天去珠峰大本营踩点，然后又花了两天时间攀登了在当地颇有名气的岛峰。岛峰是一座摸底型雪山。虽然海拔只有 6 200 米，仅仅与珠峰二号营地海拔同等，但它冲顶部分的大冰壁有足足 400 米。这与攀登珠峰的必经之路——洛子壁和最终冲顶阶段是非常相似的，可以说是迷你版的洛子壁和珠峰冲顶阶段。它给希望登珠峰的人们提供了非常难得的摸底场所。登岛峰是我第一次登雪山，第一次穿冰爪，第一次用安全锁，第一次用上升器 8 字环，第一次用冰镐，第一次深夜开始登山，第一次驻扎在 5 000 多米的海拔……

还有太多太多的第一次。结果是，我用了6个半小时登顶岛峰，又用了5个小时下山。完全是个登山新手的我能有这样的表现，我的夏尔巴向导尼玛表示看好我登珠峰。要知道尼玛可是成功登顶珠峰8次的绝对登山高手。他能给我这样的评价，也是真正坚定我信心去尝试登珠峰的重要原因之一。

为创业拼命

Entrepreneurship

在接下来的半年里，我不仅要保持训练（尤其是体能），还要和家人们和创业伙伴们“斗智斗勇”。他们既心痛我，又关心我，所以并不是很支持我去挑战珠峰。不过，话说回来，又有几个家人和朋友会一听你要去挑战和飞机飞行高度相仿的世界最高峰就立刻表示支持呢？而且，挑战珠峰确实存在着许多风险。

攀登珠峰的利弊一定要分析透彻、考虑清楚后才能行动。人命关天的事情绝对不能莽撞和武断。我要是回不来，首先全家人伤心透顶是肯定的，然后公司会受到极大的冲击，再说了我还没结婚呢！所以，无论是家庭还是事业都会面临极大的风险。但是，如果我成功登顶了，那么随之而来的光荣也会是独一无二的。尤其是对我们这样一个毫无品牌和名气的初创公司，登顶珠峰意味着公司会自然而然地获得关注，意味着公司品牌希望与世界之巅平等靠挂的愿景与超强行动力，意味着企业形象和精神不言而喻地树立与潜移默化地传播。冒着生命危险为公司代言值得吗？有人觉得不值得，甚至有人觉得我傻，但我觉得这个险值得冒！任何能让公司杀出重围的机会都要勇敢地尝试，都要全力以赴地争取，创业不就是拼命吗？！

2017年年底，经过最后一次艰难的长达5个小时的家庭与公司混合会议后，千难万难，左右衡权，斟酌再三，大家最终达成共识支持我去尝试这次壮举。到现在那一幕幕还犹如昨日。至今，我依旧深深感谢各位对我的信任和支持！

准备

PREPARATION

接下来的几个月就是“备战期”了。从小热爱体育运动的我曾经有过一个代表祖国勇夺奥运金牌的梦想。对于现年 36 岁的我来说，成功挑战珠峰就是我的奥运金牌了。备战包括身体和心理两大部分。

身体又分体能、力量和技术三部分。由于我从 8 岁开始坚持运动到现在，所以身体的基础是不错的。但仅仅靠平时积累起来的“老本儿”来“对付”珠峰是肯定不够的。我给自己制订了一个强度远超平时的训练计划：每周一、三、五练体能，在 32 分钟内跑步 7 公里，再加上前后的准备和缓冲活动，一共 8 公里；每周二、四、六练力量，引体向上 30 个、俯卧撑 120 个、深蹲 120 个、仰卧起坐 240 个；每周日休息。跑步或力量训练有时被游泳取代，45 分钟至少游 1 800 米。在制订了这个计划之后的 3 个月里，无论是刮风下雨还是烈日当头，无论是健身房还是街道公园，无论是工作日还是周末节假日，无论是在成都、深圳还是世界各地出差，我每一天都严格按照计划去执行，并且记录在日记里，甚至有选择地发到微博上和微信朋友圈里。在 4 月 5 日启程出发时，我的身体状况已经调整到了近年来的最佳状态。

在增强体能和力量的同时，登山技术的训练也是绝对必要的。如果说在体能和力量上我有过去的积累，那么在登山技术上我可以说是白纸一张。特别是 14 座 8 000 米以上的世界最高海拔雪山，更是一座也没登过。而且登山技术也不是自学可以得来的，需要有专业的教练。这时候，我得知 2018 年 1 月登山队在四川四姑娘山举办珠峰特训营的消息，这真是及时雨。那一周我学得非常认真，练得非常刻苦，问得也特别多。从专业的角度，第一次学习用冰镐，第一次学习穿冰爪，第一次学习穿登山靴，第一次学习用安全带，第一次学习用下降器，等等。特训结束后，我并没有停止技术训练，而是力所能及地在城市里练习基本功和熟悉装备。而且，我知道到了珠峰大本营之后，我们还有为期两周的拉练可以强化技术。

心理上的准备也必不可少，甚至更为重要。心理上的准备并不是指每周看一次心理医生之类的，而是尽可能多地了解珠峰，吸收关于珠峰的方方面面的知识和前人的经验。书籍、影片、网上的资料和访谈，是我获取信息的四个主要渠道。这次攀登珠峰是从位于尼泊尔的南坡上山，而大部分从南坡上山的攀登者都是外国人，所以我选择了四本非常有代表意义的英文书籍 *Into Thin Air*、*The Climb*、*No Shortcuts to the Top*、*The Will to Climb*。每一本书我都仔细阅读，并且在重点处做了标注。有不明白的地方立刻在网上查找辅助资料，直到弄明白为止。这四本书的作者都是多次登顶珠峰的登山家。从他们的书中，我不仅获得了丰富的关于珠峰的历史、地形、天气、难点、特点等知识，而且还学到了很多关于登山的经验。读完一本书，就好似作者带着我登了一次珠峰。读完这四本书，至少在心理上我已经登了四次珠峰。而且我把每本书里的内容进行对比阅读，既能强化记忆，又能多次确认其真实性，非常有趣，非常有收获!

另一个获取珠峰知识的重要渠道是影片，包括电影以及纪录片。电影毕竟是电影，肯定有部分戏剧化成分。但是，也有相当部分是实景拍摄，是根据真实事件改编，会尽量还原当年现场，是有相当学习价值的。关于珠峰的影片不少，我不仅基本都看了，而且把几部登其他山的电影也看了，比如说《垂直极限》《八千米死亡线》，等等。关于珠峰的电影里面，2015 年上映的好莱坞大片《绝命海拔》是我看得最多的，看了十几次。这部影片一是比较新，所有的画面都是高清的。二是电影剧本是根据 1996 年珠峰顶上真实发生的山难改编的。拍摄组尽最大努力还原了当年的情景，而且除了登顶部分，其他都是在尼泊尔实景拍摄的。三是尽管时隔 22 年，但当年的登峰路线和使用装备和今天的都还差不多。所以，这部影片很有借鉴价值。我出发前几乎可以背下电影里的每一个细节。这在我实际登山时给予了相当大的帮助，因为每到一处我都不陌生，好像以前来过。另外的一些影片包括美国的 IMAX 大作《珠穆朗玛峰》，英国的 BBC 纪录片《最狂野的梦》，韩国 2015 年的票房冠军《喜马拉雅》，中国的《天阶》，等等，这些影片都从不同角度展现出了攀登同一座山峰可能发生的情况和需要准备的内容。

搜索网上资料是现代人必不可少的生活组成部分。我也没少花时间在网上调查。

但是，现在网上的信息泛滥，而且不少是虚假信息。所以，在阅读网上资料时，我格外小心。登珠峰是人命关天的事。如果被网上的错误信息害了，那就真是连喊冤都无门了。

采访曾经登顶珠峰的人士也是非常重要的一环。我前前后后深度采访过四位登顶者。有男士，也有女士；有中国人，也有外国人；有从南坡上的，也有从北坡上的；有 20 多岁的，也有快 50 岁的；有职业登山者，也有登山爱好者；有初次登顶的，也有多次登顶的；有失败多次最终取得成功的，也有首次挑战即成功登顶的。总之，我能接触到的，有代表性的登顶人士，我都恳请他们向我讲述亲身经历，传授个人经验。在这里，我要特别感谢陕西省登顶珠峰女性第一人沙姐，和中国唯一的 8 000 米海拔登山向导张宝龙先生。感谢他们不厌其烦地回答我的问题，甚至有时候是重复的问题！感谢他们毫无保留地给我讲述他们登峰时的点点滴滴！他们的经历分享对我登峰起了至关重要的作用，再次感谢！

出发

Start Off

经过近半年的准备，2018 年 4 月 5 日清晨，我搭乘中国国际航空公司的航班，正式从成都出发飞往尼泊尔，开启了攀登珠峰之行。妈妈送我到双流机场。过去 20 年她送我到机场不下两百次，从未见她流过泪。但当天的气氛有点怪怪的，我似乎看到她眼睛里含着泪水。她别的没说，就说了一句“登顶不重要，平安回来就行”，然后给了我一个紧紧的拥抱，扭头就走了。是啊！登珠峰是有生命危险的，每年都有好些人因此失去生命。这世上没有谁能保证登山者的生命安全。那一刻，我感到了生离死别的凝重，心里想着一定要活着回来！

当地时间上午 11 点，飞机准时落地加德满都。机场的模样和机场外乱糟糟的场景与电影里演的一模一样。当地登山队的人员接上我们后， 便径直来到酒店。我们将在加德满都休整一天，熟悉队友，检查装备，办齐手续，然后再正式出发进山。

Day 01

CA437，加德满都

2018年4月5日

飞机慢慢降落在停机坪上，轮胎摩擦地面的声音和飞机舱外的独特红砖建筑物，无不让乘客意识到已经安全抵达目的地——加德满都国际机场。

加德满都，是尼泊尔首都和该国最大的城市，人口超过40万，海拔1 370米，是一座拥有1 200多年历史的古老城市。加德满都坐落在喜马拉雅山南坡，拥有得天独厚的地理环境，这里年平均温度在20℃左右，气候宜人，是世界闻名的旅游胜地。

加德满都国际机场是尼泊尔唯一的国际机场，也是世界各地攀登珠峰的探险家来到尼泊尔的第一站。我很庆幸我是其中一员。

今天早上8点45分，我搭乘国航437航班从成都直飞尼泊尔加德满都。全程飞行时长大概是4小时。尼泊尔时间和国内相差两个小时零15分钟，所以到达时是尼泊尔时间10点40分左右。

在这里，我发现中国护照比欧美护照管用，我们中国人完全免签证。当老外们需要排长队花钱办落地签时，我们已经走出机场了。一出机场，就看到迄今为止最年轻的登顶珠峰的世界纪录保持者（16岁）天巴夏尔巴，他为我们一个个戴上了欢迎花环。

到达加德满都

我们全队一共8个人。大家在加德满都汇合之前并不认识。今天也是大家第一次见面。我们队的队员是：

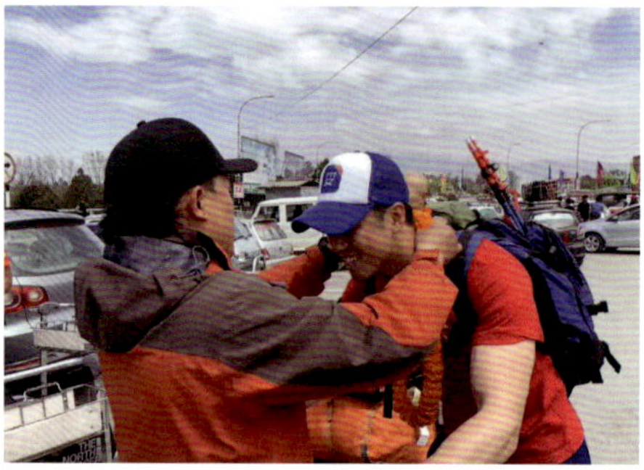

天巴夏尔巴为我们戴上了欢迎花环

全队的行李

郭先生，宁波人，地产公司老板。

李先生，吉林人，贸易公司老板。

胡先生，青岛人，软件公司老总。

吴先生，四川人，前上市公司高管，天使投资人。

马先生，吉林人，影视公司老总。

罗先生，四川人，会计公司老总。

普尼玛，女，尼泊尔人，摄影记者。

还有我。

另外两位——张宝龙和包一飞是我们的登山向导。他们二位也是经验丰富、身怀绝技。

上一次来加德满都是2017年10月，也是我第一次来尼泊尔。我清晰地记得当时走出机场时被拉客的司机“围攻”的情景，有点像外国人20世纪90年代来中国时的感觉。但这次我已经习以为常，很快便找到了我们的地接人员。同时，我还清晰地记得上次在机场看着其他全副武装的登山队的那种羡慕和眼馋。而今，我俨然已经成为他们中的一员。

坐着中巴车，沿着尘土飞扬的“公路”行驶半小时后，我们到了今晚的驻地，准备好好休息。

结语：经过近半年的准备，我今天正式告别家人朋友，启程了。

Day 02

准备进山

2018 年 4 月 6 日

今天的主要任务就是休整——休息 + 整理。

这一天的休息是必要的。因为中国和尼泊尔的差别是方方面面的，必须迅速适应。首先需要适应的就是饮食。这里的食品、饮料、餐具甚至饮食时间，全都不一样。幸亏我 2017 年来踩过一次点，要不就更加难以适应了。比如，尼泊尔餐以咖喱为主，黄油是重点原料，比较油腻。但如果不吃，又确实没什么其他的可吃。昨天才和家人朋友们依依不舍地告别，今天正好作为上山前的一个缓冲，让自己真正意识到登山之行已经正式开始，忘了家里的舒适和温暖吧。今晚再洗个热水澡，睡个安稳觉，明天就要上山了！

这一天也是整理所有必备物品的最后一天。探路者集团是我这次挑战珠峰的装备赞助商，几乎把我武装到了牙齿。但尽管这样，我还是去了 4~5 家专业装备商店，一是看看当地的行情，二是审审是否还需要补充些必备品，万一忘带了点什么就麻烦大了，山上可没有商店。果不其然，还是缺了些东西，比如说国内很难买到的 75 厘米的市面上最长的冰镐、超厚连指羽绒手套、长腿厚羊绒登山袜。尽管这样，还是有一件关键装备没买到，那就是 8 000 米可开扣安全带。在穿戴不可开扣安全带时，登山者必须在穿登山靴之前先套上安全带。在高海拔零下几十度的环境下，不穿靴子先穿安全带的这一两分钟就很有可能造成脚部冻伤。而可开扣安全带的设计则允许登山者先穿靴，后带安全带，大大降低了穿戴时脚部被冻伤的风险。而我只有一条不可开扣的安全带，虽然也可以用，但确实不如可开扣的方便。我深知在登山路上如果忽略任何一个微小的细节，都有可能演变为

大佛塔

灾难性的错误。可是，我们明天必须出发上山了，所以我只好寄希望于后面上山的团队给我捎上来了。

另外，我们一行人还参观了加德满都著名的杜巴广场和大佛塔。我惊奇地发现 2015 年地震后正在重建的广场居然用的都是“奔驰牌”砖头 。

在杜巴广场晒太阳的当地狗

“奔驰牌”砖头

结语：非常必要的承上启下的一天，明天正式上山。

Day 03

“死亡跑道”所在地——卢卡拉机场

2018 年 4 月 7 日

在加德满都简短地休整了一天半后，今天我们正式进山，计划是搭乘早上 8 点 30 分的航班，从加德满都飞往尼泊尔喜马拉雅山脉入口的山间小镇卢卡拉（Lukla，海拔 2 800 米），然后再徒步 8 000 米山路，在海拔 2 650 米的帕丁村（Pakding）过夜。（Pakding 的海拔确实比 Lukla 低一点，过了 Pakding 就全是上坡路了。）

清晨 6 点 30 分，我们全队人已经整装待发，准时去机场。可谁知我们起了个大早，却赶了个晚集。各个国家的登山队伍、各类的徒步团体以及尼泊尔本国乘客，把小小的加德满都国内航线候机楼挤得是水泄不通。正当我们都迫不及待想登上飞机“逃离”这里的时候，广播里通知卢卡拉山区有雾，所有航班暂时停飞，具体起飞时间待定。这一幕让我想起了 2017 年 10 月来尼泊尔徒步的那次经历。当时，我在机场等了整整一天，三次登机推出跑道，又三次被请下飞机。最终那天还是没飞成。等到第二天，花了更多的钱，改乘直升机才飞到了卢卡拉。希望这次不会重蹈覆辙。不过，有了 2017 年的经验后，这回我是有备而来的。在等待起飞的漫长时间里，我倒是在这狭小繁杂的空间里闹中取静，又读了一遍 *Into Thin Air*。那是一本非常精彩的攀登珠峰的纪实小说。还原了作者本人 1996 年在珠峰上的经历，其中

满载出发

包括那次震惊世界的山难。更重要的是，这本书给我提供了大量的宝贵的攀登珠峰的前车之鉴，称其为我的珠峰教科书也不足为过。

在经过 7 个小时的漫长等待后，下午 3 点，我们终于被通知可以起飞了。那是一架仅仅能容纳 14 个人的小型螺旋桨飞机。飞机里面没有空调，没有气压调节功能，更没有娱乐系统。身穿夏尔巴服饰的空姐在起飞前给我们每人送上了一块儿棉花。我一开始还不知道是干嘛用的。飞机一启动我就立刻明白了。原来飞机不隔音，棉花是塞在耳朵里减少噪音的。那螺旋桨的声音真是震耳欲聋，加上一路颠簸，还没开始登山，我就似乎已经开始有高原反应（以下简称高反）了。

人满为患的机场

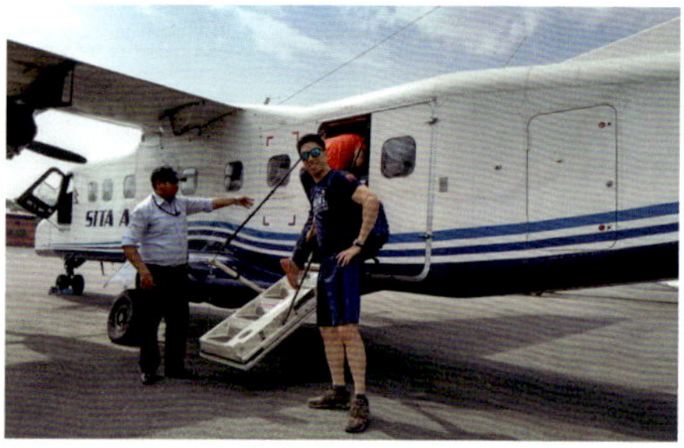

螺旋桨小飞机

准备出发

卢卡拉出名有两个原因。第一，它是尼泊尔一侧喜马拉雅山脉的入口，所有的登山队和徒步团都要从那里进山；第二，它拥有著名的卢卡拉机场。世界上最短的跑道就位于此地，跑道长 460 米，仅有一般机场跑道长度的 15%，而且，这条跑道修建于高山上，460 米的尽头就是悬崖峭壁。它号称世界上最危险的机场，一点也不夸张。卢卡拉机场是由登顶珠穆朗玛峰的世界第一人埃德蒙·希拉里骑士募资兴建的。原本是要建造在平稳的农田上，但因当地的农民不想放弃他们的农田而作罢，不得已在现在的位置兴建机场。这里也是离珠峰大本营最近的一个机场。

尼泊尔喜马拉雅山脉山门

世界上最短的跑道，尽头便是悬崖

起飞 30 分钟后，我们在卢卡拉安全着陆。谢天谢地！在机场，我还“偶遇”了 这次珠峰行动的合作伙伴——探路者集团的直升机。远在他乡，看到熟悉的标志，倍感亲切。而且，这也是中国实力向外发展的一个实实在在的缩影。不过，本以为顺利落地，终于可以开始登山了，我才发现高兴得太早了。我的两个托包和一个纸箱全都没有随飞机运到。我所有的登山装备、生活用品、换洗衣物，特别是防寒和保暖衣物，全都在这两个

偶遇探路者集团直升机

托包和纸箱里面！只有寄希望于加德满都机场的地面人员能够把行李送上下一班航班了。不过，这倒也挺真实的，挺好，如果事事都一帆风顺，那就太简单了。

稍作休整后，下午 4 点，我开始徒步前往帕丁村。下过雨后的山路尤其湿滑。幸亏我提前换上了探路者的徒步鞋，鞋子抓地力很强，也很舒适。步行了 8 000 米山路后（其中最后 1/4 的路程完全是摸黑前行），终于到达了今晚的驿站——海拔 2 650 米的帕丁村。路上有个小插曲，那就是一位当地的小朋友，正好也往帕丁村的方向走。看起来才四五岁的他，速度居然和我差不多。登山真是要从娃娃抓起啊！走着走着，小朋友竟牵住了我的手一起往前走。我还真有点不习惯。但同时获得了他的“认可”，我又很开心，似乎喜马拉雅山在欢迎我，而他就是喜马拉雅山派来欢迎我的小使者。小朋友一路牵着我嘻嘻哈哈又蹦又跳，一点也不生分，好像我就是他哥哥。

路上牵手伴我同行了一段山路的当地小朋友

帕丁村海拔不高，一般人都不会有什么反应。它也没有什么旅游资源，纯粹是一个歇脚的驿站。明天要开始向上攀升近 900 米，前往海拔 3 500 米的南切镇。今晚的主要任务就是好好睡一觉。

结语: 等待 7 小时后，我们终于飞往了卢卡拉——尼泊尔喜马拉雅山脉的入口。安全着陆在世界最短的跑道后，步行 8 000 米山路，到达了今晚的驿站——帕丁村。但是，我的所有行李都没有随飞机抵达。希望能找得回来。

Day 04

途经《绝命海拔》取景地——悬崖双吊桥

2018 年 4 月 8 日

今天历时 6 小时，徒步 11 000 米，海拔攀升近 900 米。于下午 3 点半，我们终于到达尼泊尔喜马拉雅山脉重镇——海拔 3 450 米的南切。途经曾经多次出现在电影里的著名的悬崖双吊桥。

位于中国的珠峰北坡大本营是可以开汽车直接前往的。而前往位于尼泊尔的珠峰南坡大本营就几乎全要靠徒步了。从卢卡拉开始，一路到珠峰大本营，没有公路、没有飞行航线，更没有铁路，连汽车、火车、摩托车、自行车都没有。所有的物资运输全靠驴、骡子、牦牛和背夫。到了大本营，驴、骡子和牦牛也退出了舞台，就只有背夫和登山者自己往上扛了。前往珠峰南北坡大本营的路线和方式各有千秋。北坡大本营可以开车前往，那么就意味着能更快到达，可以更便捷地运输物资，不过修路就不可避免地破坏了原生态环境。南坡大本营只能徒步前往（有极少部分人乘直升机前往），那么 10 天的徒步行程本身就是一种挑战（也可以说是一种享受），而且物资的运送很缓慢，但这却完美地保护了大自然。尼泊尔这条卢卡拉—珠峰大本营徒步路线是世界公认的五大最美徒步路线之一。每年它吸引着上百万的游客从世界各地来到尼泊尔，是其旅游业中当仁不让的支柱项目。

这 11 000 米山路几乎是不停地向上攀升。早上刚出发时，室外到处都是冰霜，而且人还没有活动开，感觉很冷。有的队友甚至已经换上了羽绒服。但等到中午，已经是艳阳当头。徒步攀登了几个小时后，人人都大汗淋漓。可是一停下来，就立刻感到寒风呼啸。留着汗的时候，被冷风一吹很容易引起感冒。在这高海拔地区，一旦生病了，那可是件要命的事。我们每人都随身带了不少应急药。但在高海拔地区，由于氧气稀薄，人体机能逐渐衰退，消化功能也减弱。所以，从食品中摄取营养成分也好，从药品中吸收药物成分也好，其效果都大打折扣。人一旦生病，就算吃了很多药，也很久都好不了，除非下降到低海拔地区。而且，感冒、发烧、咳嗽等在低海拔地区就是些常见的小病，但在高海拔地区，它们却是脑水肿和肺水肿的主要导火索。脑水肿和肺水肿都是可致命的突发性高海拔疾病。尤其是脑水肿，其征兆极不明显，甚至可以说是非常隐蔽，但病发几个小时内就可以致命，连给人抢救的时间都很少。每年都有登山者因其丧命，其中还不乏一些知名的登山高手。所以，我们哪怕浑身大汗，外面还得裹着外套，很不舒服。

但里热外冷的交错感，并没有影响我们欣赏大自然的原始风貌。一路上青山绿水，很像我国的林芝地区。上上下下的徒步客们时不时与我们打招呼，问我们来自何方；牦牛队叮叮当当的驼铃声好似喜马拉雅独有的交响乐；夏尔巴背夫们扛着货物还随身播放着悦耳的山歌。一米多宽的没有任何防护栏的山路俨然成了一条繁忙的“茶马古道”。就这样，一路出着大汗裹着外套，看着山景，听着驼铃和山歌，我们来到了著名的悬崖双吊桥。

原始风光美不胜收

这个双吊桥修于几十年前，悬空上百米，最初的目的是方便山民们往来。但它现在的主要使用者早已变成了不计其数的登山者和徒步客，和为他们运送物资的夏尔巴背夫，以及牦牛队、骡队和驴队。而且，这对吊桥曾在多部影片和多部畅销书里出现。它们现在是名副其实的喜马拉雅一景。由于年久失修，下桥现在已经没人走了，上桥成为主要通道。走在上面，我觉得风更大了，有一种腾空感。吊桥也是晃悠悠的，我往下瞄了一眼奔腾的河水，立刻头晕。此处不宜久留，赶快通过吧。真佩服那些还在吊桥上自拍的人。

著名的双吊桥

人和动物共享上桥

过了吊桥，又是一段长长的向上攀登的山路，似乎看不见南切的影子。可是转过一个山面后，一个很精致的 U 形的小镇便突然出现在我们眼前。到南切了！南切房子都是两三层高，错落有致，而且大部分是蓝色屋顶，所以一眼望过去好似青山上镶了一块蓝宝石。让人很想赶快进去看看究竟。

南切镇快到了

俯瞰南切镇

我们入住的客栈正巧是我 2017 年徒步时入住的同一家。当时我还真有点重回故里的感觉。老板和老板娘显然没认出我，但他们依旧热情地招呼我们。我也很兴奋能再次见到坎差老先生。这位老先生可不是普通人。他是这家客栈的镇店之宝，乃至整个南切的镇镇之宝，甚至称他为尼泊尔国宝也不为过。他就是

1953年人类首次登顶珠峰时，那支登山队的成员之一，也是他们中唯一的在世者。坎差老先生多次代表夏尔巴族人，代表整个尼泊尔出访世界各地。他可以说是现代珠峰攀登史的全程参与者和见证者，我称他为“珠峰活化石”。这家客栈就是由他儿子和媳妇经营的，而他本人也就住在二楼的一个房间里。每到用餐时间，老先生就下楼与客人们聊天，也乐呵呵地满足大家合影的要求。不知不觉间，他也成了这家客栈的活招牌。老先生已经83岁了。希望他长命百岁！

今天不轻松，但很美好。唯一的遗憾是我的行李还没有被找到，只能寄希望于明天了。没法洗澡，也没有换洗衣服，今夜只好连续第二个晚上脏脏地睡觉了。

结语：今天上升了900米，途径著名的双吊桥，抵达南切。身体状态良好。在客栈与坎差老先生重逢，分外开心。唯一遗憾是行李依旧没找到。

Day 05

登山装备终于“失而复得”

2018 年 4 月 9 日

今天阳光明媚，一睁眼就是好心情。我心里暗暗期盼这个好天气能带来好运气，能够增加我找回行李的机率。如果今天还找不回来，那么我明天就不能再随大部队前进了。再往上走就要到接近海拔 4 000 米的地方，气温剧降。我过去三天上身一直穿着一件 T 恤衫和一件冲锋衣，下身就是一条薄软壳裤。我穿着这样的装备在南切的晚上已经冻得瑟瑟发抖。如果在海拔 4 000 米的地方还穿成这样就属于找死了。大家明天都会穿上薄羽绒服。不过，就算我在南切原地不动等一天，也不见得行李就能找回来。等也不是，不等更没法前行，真挺让我揪心的。

但我有一整天时间，又有这么好的天气，我不能就在客栈待着，白白浪费掉这个时间啊！我决定除了领队布置的量，我再自己给自己加量拉练。南切位于两山环抱的 U 形半山腰。而翻过其山顶，再往东翻过一座山就能看到“妈妈的项链”—— 阿玛达布朗峰（Ama Dablam），这座 6 856 米的著名雪山。它以单体独立高耸入云而著称。虽然海拔不是很高，但攀登技术难度很高，是不少专业登山家们一生中必攀的山峰之一。接着再走 30 分钟，7 861 米的努子峰和 8 516 米的洛子峰就出现在眼前了。这两座山峰是珠峰的卫峰，都很雄伟壮观。而沿着这条山路再往东走半小时，就可以到达号称世界最高的五星级酒店“珠峰观景酒店”（Everest View Hotel）。顾名思义，在那里可以远眺珠穆朗玛峰。珠峰观景酒店的户外咖啡厅更是不少登山队和徒步团必定会光顾的地方。人们可以在那里喝喝咖啡，吃吃面包，拍拍照片，看看珠峰，聊聊人生。旺季时，每天都要排一阵子队才有地方坐，有时甚至要拼桌。

来回路程一共花费 4 小时，有爬坡有平路，不多不少正好适合作为锻炼的量。

登山是个和自己比赛的运动，一切全凭自觉。攀登珠峰是有生命危险的，我绝对不敢有一丝的掉以轻心。一天不练我都觉得坐立不安。但是在高海拔地区锻炼又要非常小心和有节制，练多了也不好，反而容易高反，而且体力难以恢复。所以来回 4 个小时的山路刚刚好。我知道这些又得归功于我 2017 年 10 月来尼泊尔的徒步经历。经验又派上用场了。

傍晚 6 点左右，挂了一天的太阳也开始慢慢下山了。夜色逐渐降临。南切的夜晚是那么的平静、和谐，与城市的喧嚣形成鲜明的对比。客栈老板娘已经帮我们做好了尼泊尔式晚餐，白米饭配豆汤（好似国内的汤泡饭）。坎差老先生也准时坐到了他专属的餐桌上。在外面玩了一天的小黄狗也回到室内吃起了它的晚餐。一切都是那么的祥和。唯一不和谐的是我没到的行李。吃完晚饭已经夜里 8 点了，我几乎已经放弃今天找回行李的希望，准备明天继续等待了。因为山路没有灯，夜路几乎没法走，如果白天背夫没有上来，那晚上就更没戏了。

可是，恰恰是在这个我已经快放弃的节骨眼上，有人推门进来了。一个 1.65 米左右，晒得黝黑的夏尔巴小伙子，身背三件行李出现在客栈前庭。他已经累得气喘嘘嘘，满头大汗，而且还有点蹒跚。他缓缓地放下背上的行李。我仔细一看，正是我的行李！三件都到了！真是峰回路转，失而复得！我的行程终于可以照原计划推进了。不过，在高兴找回行李的同时，我很感谢也很心痛那位小伙子。

晚上 8 点，“失踪”了 3 天的行李终于失而复得

我的三件行李哪件都不轻，但他居然一个人把三件全都扛上，一路从卢卡拉背到了南切。这好似一天之内跑了两个马拉松。而且，我后来得知他在途中还崴了脚，所以走到天黑才到南切。他看上去也就 20 岁不到，满脸稚气。真是不容易！我给了他双倍的小费以表谢意。

写到在这里，我顺便说说夏尔巴的情况。夏尔巴 (Sherpa) 这个词本身的意思就是东方人。他们的祖先就是藏族人。400 多年前，一些藏族人从西藏地区翻山越岭来到今天的尼泊尔境内耕作生活。直至今日，夏尔巴人的文化、服装、饮食、信仰、日历等都和藏族人非常类似。夏尔巴语和藏语也有 80% 的相似度，文字则完全一样。一路上，五彩经幡、白塔、喇嘛庙、玛尼堆一直陪伴着我们。如果不是还有尼泊尔文的路牌，我甚至以为我们就在西藏境内呢。这些从出生就生活在高原的夏尔巴人对高海拔非常适应，拥有常年穿梭于山路的体能和经验，这使得他们成为喜马拉雅山脉登山运动产业中不可或缺的人群。每年 3 月初到 5 月底的登山季，和每年 9 月中到 11 月中的徒步季，是当地夏尔巴人挣“大钱”的时候。当地的成年男子会以不同的形式参与进来。有当登山向导的，有当徒步协作的，有当厨师的，有当翻译的，有赶牦牛、毛驴、骡子、马队的，还有当背夫的。当地的成年女子则大部分留守家园照顾老人和孩子。而在一年的其他时间里，夏尔巴人基本上都是农民，各家都有自己的青稞田和土豆地。登山季和徒步季的工作都很辛苦。但那几个月的收入却是平时务农收入的 4~5 倍。所以，当地几乎没有不参与到登山或徒步产业中来的成年男子。可谓是真正意义上的靠山吃山，靠海吃海。但反过来说，如果没有夏尔巴人的协助，要是想登上珠穆朗玛峰那真比登天还难。从 100 年前人类开始首次挑战珠峰，到 1953 年人类首次登顶，再到当今的商业登山，夏尔巴人的参与和贡献都是至关重要，甚至是决定性的。

结语：今天在南切等行李。自己给自己加量拉练。晚上天黑后，行李终于送到了南切，明天得以按原计划上山。夏尔巴人真的是喜马拉雅登山运动中不可或缺的人群。

Day 06

喜马拉雅山的明珠——天波切寺，尼泊尔最高佛寺

2018 年 4 月 10 日

海拔 3 860 米，血氧 91，心跳 58。

早上 6 点，我已经醒了。打开窗户一看，发现对面的雪山下堆挤了一片云海。这时我才意识到，我们已经在云层之上了，我们所处的南切已经很高了。洗漱完毕后，便是每天都有的重要环节——早餐。

客栈窗外的云海

我的标配早餐

这边的早餐虽然没有豆浆油条，但其实还是挺丰富的。不过为了更好地吸收和保证不闹肚子，我给自己制定了每天早餐的标配：3 个煮鸡蛋（只吃蛋清），1 碗燕麦粥和 1 杯冲泡牛奶。煎蛋太油腻，蛋黄不易消化，所以我只吃有助于长劲儿的蛋清。山上没有鲜奶，所以只能喝奶粉充泡的牛奶。再用奶泡上一碗燕麦粥。奶和燕麦都是高营养食品，而且易消化。每日的早餐都是如此，我雷打不动地一直吃到了冲顶出发的前一天。同时，我一路上的所有餐食都不放糖，少盐，更没有味精。

饭后，早上 8 点半，我们一行人正式与南切告别，继续向上出发了。在与客栈老板辞别的时候，他使劲儿拥抱了我们每一个人，并一一送上了洁白的哈达，祝我们登山安全、顺利。一句深情的“扎西德勒”（祝你吉祥），让我不禁心里有点颤抖。是啊，十几年来，他送走过那么多位珠峰挑战者，有顺利登顶的，有安全下撤的，也有再也没回来的。每次送走客人，就有可能是生离死别。

今天的目的地是位于海拔 3 900 多米的天波切。天波切是高原森林自然环境与高原苔藓自然环境的分水岭。去往天波切的路上基本都有针叶林相伴。而过了天波切，则基本上看不到树了，几乎都是苔藓、岩石和积雪。提到天波切就不得不说说天波切寺。这座历史悠久的藏传佛教寺庙是闻名世界的绒布寺的姐妹寺庙。绒布寺位于珠峰北侧，在中国境内。天波切寺位于珠峰南侧，在尼泊尔境内。数百年来，僧侣往来交流不断。

天波切寺

前往天波切的山路是一直盘山而行的。山路的一侧是山体，另一侧便是悬崖陡坡。在不到两米宽的路面上，我们还要经常和牦牛队、骡队“错车”。每次“错车”当然是人让牛先行，不敢和那些大家伙们抢。一路云雾缭绕，高山流水，驼铃丁当，颇有点茶马古道的感觉。不过这条“茶马古道”理应是由尼泊尔政府出资来维护，因为我们所有人进山前都交了不菲的登山许可费用，但事实上却是当地的山民靠捐款来辛勤维护的。一位年近古稀的夏尔巴老爷爷在山路相对宽敞的地方摆了一个捐款箱，认真地向每一位路过的登山者介绍着修路的艰辛。2017 年我徒步时，也看到过他。他的脸已经晒得黝黑发亮，估计已经在此坚守多年了。佩服老人家的坚持精神！祝老人家长命百岁！在下也尽了微薄之力，希望山路越修越好。

山路一侧的陡坡悬崖

像不像茶马古道？

高原林海

为修路筹款的老爷爷

今天还有一件趣事，那就是我在路上居然偶遇我 2017 年徒步时的背夫——赛格尔。还是他先认出我来，主动跟我打招呼，紧跟着就给了我一个大大的拥抱。真有点他乡遇故知的感觉！ 2017 年来尼泊尔徒步时，我还攀登了岛峰这座 6 200 米的初级雪山。而当时陪伴我前往岛峰大本营的就是赛格尔。他 20 岁，别看个子不高，但浑身是劲儿。在去海拔 5 100 米的岛峰大本营的路上，我光背着随身物品的小背囊就觉得挺沉了，但赛格尔背着我租来的全套登山装备一天内走了个来回。等我从岛峰下来后，他又陪我一路徒步回到卢卡拉。他既不讲中文，也不讲英文或葡萄牙文，但尽管如此，我们一路上通过肢体语言沟通，效果还不错。他对我也挺照顾。很感谢他。

偶遇去年徒步时我的背夫——赛格尔

货运直升机降落犹如电影大片一般

结语：今天出发前往天波切。身体状态良好。路上偶遇 2017 年我徒步时的背夫。

Day 07

抵达海拔 4 350 米的丁波切

2018 年 4 月 11 日

海拔 4 350 米，血氧 85，心跳 58。

今早 8 点，阳光明媚，我们接着启程朝大本营进发。一出客栈大门，珠穆朗玛峰第一次整体出现在我们全队人面前。对于大部分人来说，来到尼泊尔一周了，徒步也 4~5 天了，第一次看到珠峰真容还是非常兴奋的。这似乎也给队员们打了一针兴奋剂，我们真的一步步地在向世界最高点靠近。 她是那么的巍峨、神圣，但同时又让人有点恐惧。她是那么远、那么高，65 年前的人类是怎么上去的？那个年代怎么会有人想去登珠峰？更关键的问题是，我们真的上得去吗？

最远处那个“冒烟”的山峰就是珠穆朗玛峰

说实话，刚刚看到珠峰的那一瞬间，我突然回想起了我 15 年前初次去到哈佛的时候。那时候我是一名大三的学生，一位网上注册来旁听的访客，哈佛就是我眼中的珠穆朗玛峰，绝对的制高点。我是抱着朝圣的心态去那里看看，根本没想过我能成为其中一员。那可是全世界佼佼者中的幸运儿才有可能成为其中一员。而被哈佛录取后，在哈佛的学习又是为期两年的另一次艰苦攀登。毕业的时候既是哈佛求学生涯攀登的结束，又是职业生涯攀登的开始。不过人生不就是一次没有尽头的攀登吗？这次我来向真正的世界最高峰发起挑战了，心情挺激动也挺兴奋的，跃跃欲试！

我们以珠峰为背景进行合影后，便出发前往丁波切了。这是我们第一次到达海拔 4 350 米的地方，也是比较辛苦的一段徒步。一路上，绿树越来越少，积雪越来越多，风也越来越大，最后一小段还飘起了小雪。有的徒步队友开始有高原反应，严重头痛，浑身无力。我们的队伍也开始逐渐分成几个小部队，各自按照各自的体力来前进。步行 6 小时山路后，我和另外两个队友是第一批到达丁波切的，比最后一位整整快了 1 小时。

丁波切的客栈也是我 2017 年徒步时歇脚的同一家客栈。进门后，看到服务员、老板、菜单、客房仍和之前一模一样，有点重回故地的感觉。客栈是一个单层连体砖房，有一个厨房、一个餐厅、两个公共厕所、两个洗澡间和 20 个房间。房间之间是用层板墙隔开的，隔音效果很差。邻居的谈话声或打呼声都能听得清清楚楚。每间房里面有两张单人木板床，配有棉被（不过大部分住客都选择用自己的睡袋）。户外下着雪，我的衣服里面流着大汗，还气喘吁吁——挺煎熬的感觉。这时候老板给我递上来一杯热果珍，真是及时雨，爽极了！而且，我洗了五天来的第一个澡。虽然洗一次 500 卢比（1 卢比 =0.06 元），而且还是和煤气罐一起洗澡，不过在这海拔 4 300 多米的喜马拉雅山上能洗个热水澡，我已经很知足了。

绿树越来越少，积雪越来越多

第一次和煤气罐一起洗澡，
也是五天以来第一次洗澡

在这大山深处，手机是完全没有信号的。白天的徒步或攀登过程中，我们是完全与世隔绝的。但到了客栈，可以购买卫星 Wi-Fi 流量上网，但是价格确实不菲啊。22 500 卢比，7 个 G 的流量，覆盖范围最高到大本营。明码标价，一口价。不过也没有其他通讯方式可选，所以不买也得买，除非一直不上网。但不上网显然不行，我还得远程工作呢。贵是挺贵的，但我转念一想，在这样的极限环境下，我们居然有 Wi-Fi 可以用，一是科技确实进步了，二是确实值这个价钱啊。我徒步上山到丁波切都气喘吁吁，人家还得扛着设备、背着仪器来安装，难度多高啊！不仅物有所值，还得感谢人家，希望人家把这个业务持续做下去，否则以后登山没 Wi-Fi 用了岂不是更惨？

价格不菲的喜马拉雅山 Wi-Fi 网卡

结语：今早，全体队员首次看到了珠峰。徒步 6 小时后到达了丁波切。我洗了 5 天以来的第一个澡。

Day 08

拉练后“要命”的高烧

2018 年 4 月 12 日

今天是深刻、折腾、难熬、难忘的一天。

早上起来，丁波切一片白雪皑皑

连续 6 天攀升后，今天是我们原地休整，适应海拔的一天。在接下来的日子里，我们就要进入 5 000 米以上的海拔了，也就是说要进入无人区了。这一天的休整并不是在客栈里面待着。我们的休整是去附近的一座 5 200 米的小山拉练。因为我们已经处在 4 300 多米的高度 ，所以远望这座山 5 200 米的山峰，并不觉得它多么高。而且它的形状就像一个大大的土坡，缓缓地升高，没有什么攀登技术上的难度。所以，我们一行人出发前还真没把它当回事，尤其是我，连水都没带。

5 200 米的拉练小山

出发时，阳光明媚，我们一行人有说有笑，好似出门散步。但刚刚开始攀登才半小时，队伍就已经开始自然分组。走的快的和走的慢的已经拉开距离。我出门时上了个厕所，所以比大部队慢了几十米。我心想追上这几十米还不是小菜一碟。可是没想到，在这 4 300 多米的高山上，追这几十米可真是不简单。为了追赶，我的呼吸节奏被打乱，心跳更快，出汗更多，而且我还没带水。不过，虽然累得够呛，最后我硬是凭着较好的身体素质，赶上了大部队。这时侯已经挺累的，本应该停下来休息休息，但我觉得好不容易赶上了，这一歇又被人家超过去了，多划不来，多没面子啊！就是在这种错误心态的怂恿下，我不仅没有停下来，反而继续攀升。

越往上走，人越累，腿像绑了沙袋似的。呼吸也越来越困难，总是感觉上不来气。而且，开始变天了。一个小时前出发时，还是大太阳天，现在已经云雾缭绕，气温骤降。但薄羽绒服里面的汗还是依旧不停地流。不过这些变化都没有影响我向上攀登的意愿。尽管很缓慢，但我依旧一步步朝顶峰前进。这个时候，由于雾大，我已经看不见顶峰了。一路向上时，陆续有更早时间出发的其他队的队员下山。似乎顶峰已经离我们不是很远了。不过后来才知道，那只是个假象。因为不少人因为雾大，干脆就放弃了登顶，中途下山了。我接着又向上登了近2个小时才到顶。早知道那么远，说不定我也就下来了，因为那天的状态确实不好。

尽管很累，到了山顶我还是很开心、很兴奋的。我拉开薄羽绒服，痛快地凉快凉快。看着脚下的山峰，还是有点成就感的。合影留念完后，正准备下山，另外两个登山者也到顶了。他们请我帮他们留影。我也欣然助人为乐。可是没想到这两位爱尔兰老兄可倒好，花了至少两三分钟戴手套、戴帽子、加衣服。而这两三分钟，我就愣在冷风中等他们。拍了五六张后，又开始与我攀谈。客气了几句后，我实在开始觉得冷了，才告辞，开始下山。

马哥和我拉练登顶时的合影

山顶起风了

一开始，我感觉还不错。但越走，我越觉得累。以至于到了半山腰，我都有点走不动，坐下来歇了会儿。“这不对劲儿啊，我的体能肯定不止这个水平啊”，我自己心里直纳闷。再接着下山，甚至有点头晕，不过还可以坚持。这时候，一位夏尔巴向导给我递过来一瓶水，我咕咚咕咚喝了几大口，感觉似乎好点了。就这样，有点拖着自己身体的感觉，我一步步地磨蹭回了客栈。这时，我的其他队友都已经回到客栈多时，已经打起了扑克牌。我累得一屁股坐在了客栈小院里面的椅子上，说什么也动不了，太累了。我在那把椅子上至少坐了半小时，一动不动。直到有队友出来喊我进去吃饭，我才费了很大劲儿起身。不过面对热腾腾的面条，我一点食欲都没有。我想是不是前几天没睡好，太累了，但自己没觉出来，现在一下子都爆发出来了？回去睡一觉说不定就好了。于是，我马上逼着自己回到房间，连衣服都没脱，倒头就睡了。

大概过了 3 个小时，我醒过来了，可是疲劳感并没有减弱，反而我觉得发冷、头晕，一摸额头，还挺烫。难道我高原反应了？不会啊，现在的海拔还不算高啊，况且我去过更高的地方都没事儿。是不是感冒发烧了？这倒有可能。赶快去测个体温。我借了两个队友的体温计分别测了两次后，有 98.7 华氏度，也就是平原地区的 39 摄氏度，确认发烧。在城里发烧，一般吃几片药，睡一觉就差不多好了。但在这 4 300 多米的高海拔地区，人的抵抗力下降，消化功能减弱，药效普遍下降，任何小毛病都变成了顽症。而且更可怕的是，一些小毛病演变成大病，甚至致命的几率在高海拔地区大大增高。比如说，感冒、咳嗽、发烧就是肺水肿的头号导火索。肺水肿则可能直接导致自己的体液倒灌入肺部，窒息而亡。通俗来说就是自己被自己淹死了。所以现在这个情况必须重视。

这天的晚饭我也一口没吃，实在是吃不下去，而且头痛得厉害，浑身没劲儿。但是，我和成都的团队约好了要测试我们的新产品的，所以再难受也要坚持。这是妥妥递刚刚开发出来的视频双录产品。能在这 4 300 米的高原测试也是一种创新和勇敢的尝试。不过很可惜，由于种种原因，到最后我也没等到成都团队上线。那时我已经拖着病体坚持等待了两个小时。实在坚持不住，不得不回房间躺下了。

这是一个难熬又难忘的夜晚。吃了两片退烧药后，我钻进睡袋里，把自己裹得严严实实，但还是浑身发冷。而且我感觉睡袋下的木板床格外硬。不知是不是因为刚才回房间的路上又着了凉，头痛似乎还更严重了些（我们的房间与餐厅分别在两个建筑物内，它们之间隔了 20 米）。那个时候我特别想家，特别想我自己的床，特别想可口的饭菜……正当我迷迷糊糊的时候，突然有人给我递上一杯热饮。我也顾不了那么多，一饮而尽。那个味道挺奇特，我一时还说不上来，但很可口。又是哪位好心人给我送热饮喝呢？睁眼一看，原来是队友马哥。他的故事我在后面再介绍，现在实在是太难受了。马哥给我喝的是煮沸了的姜汁可乐，专治感冒。在寒冷的高原上，喝热水非常必要，而且还要大量饮用。在高原上感冒发烧时，喝热乎乎的姜汁可乐，真有点对症下药的感觉。不仅是这一杯，马哥给我准备了整整一暖壶的姜汁可乐，而且还准备了另一壶开水。这两暖壶热饮足够我过一整夜的了。我当时非常非常感动。马哥完全没有任何义务来照顾我，纯粹是好心帮忙。真正意义上的雪中送炭！后来得知，我们住的这个客栈还没有可乐，是他冒着大雪跑去另外一家客栈买回来的。我说一百次感谢都不足为过！

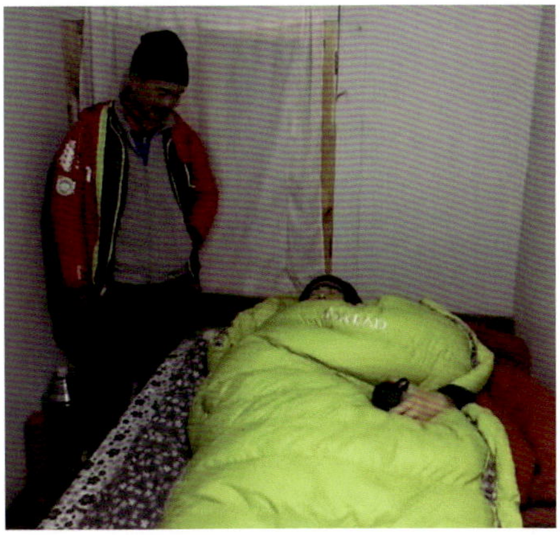

马哥和在“病床”上的我

这一晚上，我不停地喝着，喝完了姜汁可乐就喝开水。总之，把这两暖壶热饮喝干净了。喝热的就会出汗，出汗治发烧。我下身穿了两条抓绒裤，上身穿了保暖内衣、一件抓绒衣和一件薄羽绒，脚上套了羊绒袜子，头上戴了棉帽子，脖子上系了挡风围巾，然后再裹上零下 20 度的探路者睡袋，就露出了两个鼻孔喘气。整晚上全副武装的里外夹击，我从头到脚都被汗水湿透了，我身上所有的衣物甚至睡袋内侧也被打湿了。与此同时，我还上了六七次厕所。仔细观察之下，我发现我的尿液确实一次比一次变淡，这也意味着我的身体变得越来越不缺水。之前的尿液全是暗黄色，那是严重缺水的症状。就这样，我翻来覆去地熬了一宿，祈祷着能有奇迹发生。因为我深知，如果烧不退，我根本不可能带病继续前行。海拔越高，病症越难治愈。病情如果加重，我甚至要被迫下撤到低海拔地区治疗。

不知过了多久，也不知我睡了多久，天亮了。又是昨天那种蓝天白云大太阳。我忽然觉得头不痛了，身体也不发冷了。这是错觉吗？我赶快测体温。是 36.5 摄氏度！我退烧了！那一刻，我真是觉得不可思议，既觉得懊悔，又觉得幸运。懊悔，因为我低估了大自然、轻视了大山，得到了应有的教训，还给队友们带来了麻烦。幸运，因为我的身体很顽强地挺过来了，在这么高的海拔、这么短的时间内居然退烧了，而且现在大山给我敲这个警钟很及时，总比在更高的地方出事好。之后我再也不敢为了追赶他人而打乱自己的节奏，再也不敢觉得热就脱衣服，再也不敢上山不带饮水，再也不敢高估自己的身体素质。在大自然面前，我们必须永远保持敬畏，小心翼翼地靠近她。

第二天早上居然康复了，客栈老板连呼奇迹

“大病初愈”的我和珠峰开起了玩笑

看看谁劲儿大

结语：拉练 5 200 米的小山。结果下山后我感冒了，还发烧了。折腾了一整夜，第二天幸运地康复了。吃了个大大的教训！感谢队友马哥的无私照顾！

Day 09

攀登珠峰的必修课堂——罗布切峰

2018 年 4 月 13 日

未来三天，我们全队人将尝试攀登罗布切峰，然后前往珠峰大本营。罗布切峰海拔 6 180 米，不算高，但它却在登山圈里很有名。原因有三：第一，它是一座非常类似珠峰冲顶阶段的模拟山峰，就像之前的岛峰。通俗来说，罗布切峰的冲顶阶段与珠穆朗玛峰的冲顶阶段非常相似，是不少登山者真正冲顶珠峰前的必修课，为冲顶珠峰而做好鏖战的心理准备。之前一直在徒步，罗布切是整个行程中第一座真正意义上的雪山，也宣告我们正式进入登山模式。当然两座山峰之间海拔相差 2 600 多米，这一点是不可比的。第二，罗布切峰海拔近 6 200 米，与 6 500 米的珠峰二号营地相似，登罗布切峰是一个不错的适应海拔的选择。也就是说如果在罗布切峰就高反了，或者上不去，那么也就可以不用去尝试珠峰了。第三，由于罗布切峰的冲顶部分与珠峰相似，所以它曾以珠峰“替身”的形象多次出现在不同影片里，也算是个高海拔“影视基地”了。

从丁波切出发，一路挺轻松的，大家都期盼着能真正开始登山。我们徒步了大概 4 个小时便到达了海拔 4 900 米的罗布切峰大本营。所谓的大本营其实就是为我们几个人搭建的 5~6 个帐篷而已。大本营位于一个相对开阔的沙滩上，营地后面就是耸立的罗布切峰。仰头望上去还挺高的，而且非常陡峭，上面积雪满满。它一定不是一个“软柿子”。而我们扎营的这个沙滩，其实是一个干涸的湖底。每到夏天的雨季，这片沙滩就会被雨水和山上融化流下来的雪水淹没，从而形成一个小小的季节性高山湖。在高原沙滩上扎营有好有坏。好处在于沙滩很柔软，而且相对平整，晚上能睡得舒服些。坏处在于这个沙滩是个风口，而且是个没有任何屏障的大风口。晚上气温会骤降到零下 10 度，再加上呼呼的大风，这夜可真不好过。不过，这就是登山必须面对的现实，有得必有失。

徒步前往罗布切峰大本营

抵达罗布切峰大本营

两人一间的帐篷（绿色的探路者睡袋是我的）

搭在沙滩上的营地

我们到了营地的第一件事就是赶快整理行李。把防潮垫铺好，把睡袋拿出来晒太阳，把羽绒服拿出来，把头灯准备好，穿上营地羽绒鞋，等等。别看这些好像都是不值得一提的小事。但是在高海拔地区，每一个小小的动作都会耗费相当多的体力；每一个微不足道的小事都会比在平原地区难十倍；甚至连从背包里翻出水壶解渴都是个嫌累的活儿。所以，整理一会儿必须要歇一会儿，全部整理完毕往往要一个小时左右。不过正当我们累得（也是懒得）不想动时，夏尔巴向导给我们送上了热气腾腾的果珍。这时候来上一杯热果珍，味道真是美极了！

热气腾腾的果珍好似及时雨

整理完毕之后，我们下午进行了简单的登山装备训练。这个环节虽然仅仅一小时，但是却非常必要。上一次用全副登山装备已经是 1 月份的事了。到现在已经近 3 个月了。在真正开始登山前，再熟悉熟悉装备是非常有必要的，要不技术都“回潮”了。特别是我这回将第一次使用开扣型安全带登山。（几天前夏尔巴协作从南切带上来的）怎么穿戴、怎么系扣、怎么松紧、怎么挂锁等任何一个细节都必须熟悉。错过每一个微小的细节都有可能导致致命危险。接着就是反复练习用绳索上升和下降，尽快地让上升器和下降器与绳索磨合好，也尽快地让自己与安全带建立起信任。训练不仅是熟悉和熟练装备的过程，更是一个信任装备的过程。登山者只有完全信任自己的装备，才有可能登顶。

练了一个小时后，我开始感到背后越来越痛。其实，今天早上我就觉得后背不舒服，但以为可能是睡觉时不小心抻着了，不是什么大事，拉伸拉伸就好了。

但是，这一天下来，我也没少拉伸，背痛不减反增。到了晚上，痛得我都直不了腰，只能弯着腰坐着，然后上身稍稍偏左倾才舒服点。平时我一向注意身体的柔韧性，每天早上第一件事就是拉伸 12 分钟。怎么现在背部开始痛起来了？而且还越来越痛。以前从来没有背痛过，真是费解！背痛让我坐也不是，站也不是。那天晚上，夏尔巴向导看我实在疼痛难忍，便给我开了个方子。先是让我吃了 4 颗小药丸，非常小（好似人丹大小），但颜色却是黑黑的。如果不是他们告诉我那是药，我还以为是小泥球儿呢！闻一闻，确实有股中药味儿，一问出处，来自印度。管不了那么多了，试试看吧！然后，向导在我背部的痛处贴了一张膏药。最后，又给了我一个热水袋，让我晚上放在睡袋里热敷。这我可是一百个没想到，高山上居然还有热水袋。他们对我的关心可以说是尽心尽力了。但愿明早能有好转吧。否则随着海拔的攀升，后面的行程越来越难，靠硬挺是挺不过去的。刚刚感冒发烧才好，怎么又开始背痛了？！

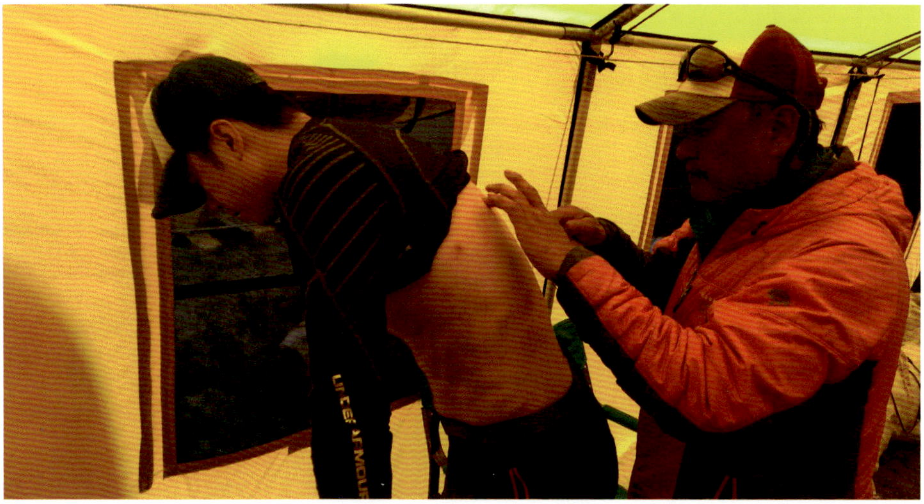

背痛难忍，向导在帮我贴膏药

结语：今天出发到达罗布切峰大本营。罗布切峰是攀登珠峰的必修课。感冒发烧才刚刚好，可是背部却又开始疼痛。郁闷！

Day 10

登珠峰必修课第一节：攀升到高营地

2018 年 4 月 14 日

今天的任务是从大本营攀升到高营地，在那里休息一晚，为明天冲顶罗布切峰做准备。高营地海拔 5 300 米，与珠峰大本营一样，会是一个很好的模拟营地。但从大本营攀升到高营地的山路可真不好走。昨天我们还在山地徒步，今天一出门就开始陡峭地攀爬了。在这个海拔，山体上连一棵树都没有，苔藓、乱石和积雪一路伴随着我们。这也意味着一路上都是大太阳晒着，没有任何遮拦。光秃秃的山显得更加陡峭，甚至锋利。尽管只是去另一个营地而已，但一路上很多地方都要借助绳索才能上得去。有的地方实在危险，退半步就是深渊，相比之下华山都不算个事儿了。这才仅仅是去高营地，我心里已经开始猜想明天的冲顶会是什么样，肯定不简单！

前往高营地，一路陡峭攀升

背着睡袋、防潮垫、冰爪、高山靴、内胆、头盔、头灯、羽绒服、手套、水壶、食物、登山杖、安全带、上升器和下降器以及防晒霜、医药箱等装备，经过 3 个小时，我们到达了高营地。这些装备是为了攀登罗布切峰准备的，是登珠峰装备的简约版。真正攀登珠峰时，所需的装备更多、更重。到了高营地，第一件事自然就是安营扎寨、整理行李。但在这个高营地建营可真不是个简单事。高营地位处罗布切峰顶峰下的一个垭口上。这个垭口刚好是一片相对平缓的岩石平台，可以扎营。但由于海拔高，整个垭口全是雪。所以，大家第一件要做的事儿就是把雪铲平，要不睡起来不仅会冰冷刺骨，而且凹凸不平。可是这么厚的积雪又怎么铲得平呢？！来几铲子，尽力而为吧。

抵达高营地，开始铲雪、扎营

我的帐篷旁五米开外就是悬崖，
连上厕所都有生命危险

从我的帐篷遥望对面的雪山

我们刚刚把帐篷搭好，把装备铺开，说时迟那时快，天儿立刻就变了。刚刚还风和日丽、艳阳高照，转眼间就已经大雾弥漫、雨雪交加。也就几分钟的功夫吧，我们便从阳光山景，变成了荒野求生。山上的天气真是说变就变。这个时候就是钻进帐篷里休息的时候。其实在登山过程中，有相当一部分时间是在休息。但与其说是休息，不如称其为一种熬人的等待。有时候半天，有时候 2~3 天，甚至一周，都要在帐篷里面等待好天气，才能出发前进。山上没有网络，没有电视，也没有其他的娱乐活动。最普遍的打发时间的方式就是打扑克和阅读。而当夜幕降临时，几乎就只有钻进睡袋里这一个选择了。山上的夜晚格外安静，也特别漫长。而且在山上哪怕就是一直躺着休息，也是一种体能消耗。人待得越久，就会越瘦弱，所以任何一个登山者都希望能早日冲顶。不过登山也确实急不得，必须要天时地利人和，所以耐心也是一个登山者所必备的素质。

瞬间从阳光山景变成荒野求生

不过今天我可没读书或者提前钻进帐篷里，我们的夏尔巴向导们请大家喝下午茶。这可是真正的高山茶啊！把雪水冰块融化、煮沸，泡上英式红茶茶包，再加上两勺蜂蜜，味道美极了！再来上两口巧克力饼干，顿时幸福感“爆棚”。帐篷外面飘着雪、刮着风，夏尔巴们喝着热茶、吃着饼干，有点飘飘欲仙的感觉。大家一边喝茶，一边聊起天来。夏尔巴人对中国登山者是既欢迎，又觉得有点难“伺候”。欢迎，当然是因为近年来中国登山人数上升，再加上给小费出手阔绰，提高了夏尔巴人的收入。与此同时，他们又觉得中国登山队员比较难“伺候”。最大的问题是语言，夏尔巴人一般都会讲夏尔巴语、尼泊尔语和一些英文、日文，极少数的会讲几句中文。而中国队员基本只会讲中文。双方沟通起来很费劲，有时会因此浪费不少宝贵的时间和精力、体力，也容易造成误会。第二，中国队员对饮食的要求很多，当地饭菜几乎吃不下去。然后，中国队员相比欧美队员，普遍来说登山经验较少、技术较弱、体能较逊，对夏尔巴向导们的依赖度更高，也就是说他们会更累。不过话又说回来，这些也是他们的工作内容之一，是分内的事。任何工作都有其难点和诱人之处。我是队里两位能用外语交流的队员之一。所以，我也乐意时常扮演翻译的角色，为全队贡献点力量。也是由于沟通问题，这美美的下午茶就只有我受邀享用了。

高山下午茶

下午茶的时候是有说有笑，但到了晚上这一觉可是真难熬。夜里气温剧降，至少降到了零下 10 度。帐篷里虽然有防潮垫、睡袋，但雪地冰面的寒气可以瞬间穿透它们。再加上地面凹凸不平，我又背痛不止，整个一宿我翻来覆去，根本就没怎么睡。我的第一个 5 000 米以上的夜晚就这样让我难忘。这也是我目前人生中睡过的最高的一觉。

结语：今天从 4 900 米的大本营攀升到了 5 300 米的高营地。在雪地里扎营、过夜。明天冲顶罗布切峰。

Day 11

登珠峰必修课第二节：冲顶罗布切峰

2018 年 4 月 15 日

凌晨 4 点，我们出发，开始冲顶。当天天气很好，就算是凌晨夜间，能见度也很高。在徒步和准备了 10 天后，终于可以首次攀登一座雪山了。大家期待许久，可谓是摩拳擦掌，跃跃欲试。一出发，我们的速度都不慢。先是攀登了一大段岩壁。这段岩壁由于陡峭，积雪不多。我们并没有使用冰爪，甚至在途中相当部分没有使用绳索，而是徒手攀登的。

这段岩壁攀爬倒是勾起了我小时候在公园里爬假山的回忆。我小时候是以不安分守己著称的。爸爸妈妈曾经为了挖掘我的音乐天赋把我送去学手风琴，可我在一次回家路上却把手风琴"抛尸"路边。但一到公园，我就立刻生龙活虎起来。只是"传统项目"我几乎都不去，觉得没劲，就对爬假山、爬树等"高危"项目情有独钟。后来爸爸妈妈只要发现我不见了，就往假山顶或者树顶找我。有一次去香山，我自己一溜烟跑到了山顶，等了半晌还不见大人们的身影，就折返下山与他们汇合。他们还以为我没登顶，在半道上等他们呢！现在徒手攀爬罗布切峰的岩壁部分，我毫无惧色，反而觉得挺有意思、挺刺激。不知这是不是就是所谓的"天生如此"。

过了岩壁，上到另外一个垭口，眼前立刻就是一片白雪皑皑。夏尔巴人称这里为骆驼背，连接两座山峰的中间部分。从这里开始，我们的攀登就需要全程使用冰爪了。顾名思义，冰爪是可以咬住冰的登山装备，其形如利爪。把它绑在登山靴的底部，登起雪山来才能落脚不滑，一步一个脚印。但是登山靴本身已经 3 斤多一只，再加上半斤重的冰爪，有如脚下绑着沙袋登雪山。可是没有冰爪，登山者绝无可能登上任何一座雪山。而且，如果冰爪的质量不好，或者在穿戴时出现问题，那就非常有可能造成生命危险。在雪山上，离了冰爪是真正的寸步难行。

我们穿戴好冰爪后，先是在一段相对平缓的雪地前行，除了每次抬腿迈步要花大力气以外，还算安全，难度也不大。大概又过了 1 小时，我们便来到了罗布切峰的最后冲顶部分。那是一个几乎垂直向上，而且高不见顶的大冰壁。要不是之前有登岛峰的经验，我心里还真犯嘀咕，这怎么可能上得去？但这就是雪山攀登的必经之路。登顶罗布切峰的最后部分——冲顶大冰壁，我一共花了 2 个多小时。到顶时，我已经是累得气喘吁吁，浑身大汗，在地上蹲了好一阵儿才缓过来。但是山顶的景色是无可比拟的。只有坚持到了山顶，才可能看到眼前美不胜收的景色，尤其是从这里可以看到珠峰。这个角度的珠峰看起来更加魁梧、更加险峻。罗布切峰就是个迷你版的珠峰。一个月后，我们将挑战真正的珠穆朗玛峰。

我们从罗布切峰顶，先是下撤到高营地。在那里稍作休息后，又下撤到大本营。在大本营用午餐，然后再出发前往今晚的驻地。相对攀登，下撤一直是我的弱项，似乎真的印证了“上山容易下山难”那句老话。我是全队第三个登顶的人，但却是全队最后一个完成下撤的人，而且比倒数第二位慢了近一个小时。以至于大部队都已吃完午饭，收拾完行李，休息片刻并且接着出发前往今晚的驻地了，我才刚刚回到大本营。后来我自己客观分析，觉得原因有三：技术、经验和视力。在全队里，我是绝对的登山菜鸟。来这儿之前，仅仅登过一座 6 200 米的雪山。其他队友至少比我年长 10 岁，而且都攀登过多座雪山，有多年的经验。他们对绳索的运用，对上升器和下降器的使用，都比我熟练无数倍。上山时也许感觉不明显，但下山时，熟练的就可以省体力，速度还快，不熟练的自然速度慢，而且还会耗费更多的体力。同时因为登山经验少，面对几百米高的几乎垂直的冰壁时，我的恐惧感远远高于其他人。这就造成了我行动缓慢，每迈一步都不由自主地停下来看一看，才敢迈第二步或接着放绳索，生怕出什么事儿。但如果经验丰富，可能就会对这样的下撤场景习以为常了。最后还有个原因就是我的视力不好。虽然几年前做过近视矫正手术，不用戴眼镜了，但还是有点近视。走在雪地里还好，但走在岩壁上，有时还真看不清楚下面的岩石是扎实的还是松动的。这就逼得我不得不放缓脚步。这三条加起来，不仅造成我下山的速度缓慢，而且还消耗了更多体能。回到大本营时，我也是瘫坐在地上好一阵儿才缓过来，仿佛一天登了两座罗布切峰。如果要我给有兴趣登山的读者提个建议的话，那就是请以我为前车之鉴（反面例子），一定先多练几座山再循序渐进挑战更高的山峰。

结语：今天成功登顶罗布切峰，并且安全下撤，尽管已经筋疲力尽。这是我人生中的第二座雪山。

Day 12

徒步客的终点——珠峰南坡大本营

2018 年 4 月 16 日

今天的目的地就是珠穆朗玛峰南坡大本营。已经来尼泊尔 12 天，今天终于可以一睹其真容了。这一路有点朝圣的感觉。早上 9 点才出发，算是把昨天攀登罗布切峰的劲儿缓过来了。徒步 5 个小时，终于在 4 月 16 日下午 3 点，我们抵达了大本营。从罗布切村到珠峰大本营的路途，相比之前 10 天的徒步路程不算难。我们基本上一直在高山河谷中前进。左右两侧都是直入云霄的 7 000 多米的大雪山，随便一座，都比欧洲、美洲、非洲、大洋洲、南极洲的最高峰还要高。每一座都有其独特诱人之处，也都吸引着世界各地的登山者们前来挑战。沿途风景壮阔峻美，但我们却无意久留，因为在我们眼里只有一个目标，那就是珠穆朗玛峰。

通往珠峰大本营的路标

向大本营前进

沿着高山河谷前行

两侧都是 7000 米以上的雪山，随便一座都是世界级的高峰

向大本营运送物资完毕，正在下山的牦牛队

当我远远地看到珠峰大本营的那些像小黄点一般的帐篷营地时，我既兴奋，又镇定。2007 年的徒步之行，我只是瞭望了大本营，并没有真正到达那里。现在我开始进入我之前从未涉及的地带了，一切都等待我去探索、发现、挑战、尝试、超越……让我兴奋不已。但同时，我又出奇的镇定。我心里非常清楚，过去半年的准备，过去十天的徒步，过去两天攀登罗布切峰的拉练，都是为了来到这里。而来到大本营仅仅是真正攀登珠峰的起点。来到这里，我们才仅仅有资格和机会去尝试攀登珠峰，虽然在大本营根本看不到珠峰。

远眺大本营

近观大本营

所谓的珠峰大本营，其实就是大多数登山队都选择作为攀登珠峰起点的一片碎石滩。这片石滩背靠 7 161 米的普莫里峰 (Pumori)，前方挨着著名的昆布冰川的平缓部分，面向通往珠峰的攀爬路线。各个登山队就在这片石滩上“占山为王”，搭建自己的营地。在未来的一个多月里，这里将是我们的“家”。这片石滩上真的是找不到一块平整的地。我们的营地是被夏尔巴协作们勉强手工推平的，可以凑合着用。其他团队的营地也是如此。

大本营分公共区域、私人区域和卫生间区域。公共区域是由 4 个黄色的大帐篷组成。每个帐篷都能容纳 15~16 人。它们的作用分别是登山队餐厅、夏尔巴人餐厅、厨房和储藏室。登山队餐厅帐对我们来说是最重要的地方了。它不仅是用餐的地方，同时也是开会、聊天、上网、阅读、打扑克等其他娱乐活动的地方。除了睡觉的帐篷，这里就是我们待的时间最多的地方了。夏尔巴人餐厅帐，顾名思义是夏尔巴人们的主要用餐和活动场所。由于语言和饮食区别很大，也由于主客有别，无论哪个国家的登山队和其夏尔巴团队都是分开用餐的。一开始我还觉得这样是不是有点歧视人家，但后来发现大家各吃各的，都更加放松。也是，夏尔巴人们还不见得愿意和我们一起吃呢。餐厅帐里面有煤气罐，可以生火做饭。各式厨具还都挺齐全。这些东西全是由背夫们一步一步背到大本营的（包括煤气罐）。一个四川小伙子和两个夏尔巴伙夫扮演了主厨和助厨的角色。大本营的规矩是先照顾好登山队员，然后再给夏尔巴人准备餐食。储藏室帐篷里面放着各种食物、装备、氧气瓶、备用柴油发电机，等等，同时也是部分夏尔巴人的卧室。我们几乎从来不去储藏室帐篷。

私人区域是 12 个桔色的单体帐篷。我们队的登山队员一人一间。夏尔巴领队、资深向导和女夏尔巴向导各一间。帐篷里面铺了一张 10 厘米厚的床垫，在一定程度上缓解了地面的凹凸不平。帐篷最高处有 190 厘米，我可以站直了穿衣、穿戴装备，这点真是个大大的好处。每个帐篷之间相隔大概半米。帐篷之间的防风绳都拴在几块固定的大石头上，所以看起来有点像一排帐篷手拉手。这样的好处是可以“抱团取暖”，更加稳定，更加抗风，更方便互相照应。但同时距离近了也就意味着隐私少了。至少有两位队友的鼾声经常响彻营地。他们能在 5 300 米睡得如此之香，我们其他人都好羡慕啊！

还有一个重要区域，就是厕所。早些年在大本营，无论是登山者还是夏尔巴人都没有那么强的环保意识，觉得粪便都可以自然分解。所以，一般情况下，大部分人就找个没人的地方就方便了。因此，久而久之，珠峰大本营也变成了一个大公厕，一不小心就会踩到“地雷”。如今的人们，对大本营，对大自然的保护

大本营的厕所

意识要强得多。每个登山队都自觉地搭建起了至少两个蓝色的厕所帐。我们队搭建了四个。厕所帐的底部是一个1米深的塑料桶。每次装满粪便后，夏尔巴背夫们会把粪桶背下山，送到分解站处理或“入肥为安”。无论是登山者还是夏尔巴人都非常尊重背夫们的工作，也注重公共厕所的环境，如厕时都尽量小心，避免“脱靶”。

我们在大本营的私人区域，每人一个单体帐篷作为卧室

结语：经过10天的徒步，今天终于抵达珠穆朗玛峰大本营，一个我从未涉足过的全新地带。我们的大本营条件不错，该有的都有了。

Day 13

让人热泪盈眶的普迦仪式

2018 年 4 月 17 日

今天是正式入住大本营的第一天。无论你来自哪个国家，来到珠峰大本营的第一天都要参加当地的一个夏尔巴传统仪式——普迦，也就是祈福仪式。珠穆朗玛在藏语里的实际意思是万物之母。珠穆朗玛峰在藏传佛教里面是一座神山。可想而知，在早期欧洲人尝试攀登珠峰时，当地人是持反对态度的。现在无论是在尼泊尔还是中国，各国的登山队在准备登山前都要参加由当地人组织的祈福仪式。祈求大地的母亲——神圣的珠穆朗玛，允许我们靠近她、触碰她、攀登她。不完成这个仪式，不得到珠穆朗玛的允许，夏尔巴人是不会上山的。他们对登山者是否尊重珠穆朗玛也非常在意。尽管没有必须参加普迦的硬性要求，但这个仪式不仅仅是登山者希望获得的一种心理上的安全感，更是出于对当地文化、习俗和信仰的尊重。登山不仅仅是一种极限运动，它更是一个人基本素质的体现。

早上 10 点，我们在一位喇嘛的带领下，来到了大本营的祈福台。祈福台的下半部分是由石块堆积成的一个“香炉”，上半部分是一根用来连接经幡的旗杆。旗杆周围放了几块灰色的东西，形状有点像刨冰。登山队员和夏尔巴向导、协作、厨子、背夫等一行人全部都参加了。每一个攀登珠峰活动的参与者都希望得到珠穆朗玛的保佑。同时参加普迦的，还有我们的装备。不仅人希望得到祝福，要上山的装备一样需要得到保佑。登山靴、冰镐、冰爪、头盔、安全锁、上升器、下降器、背包等，我都扛了过来，生怕遗漏了一件装备没被保佑。万一最后没有登顶成功就是因为差了那件装备，多遗憾啊！估计大伙都有同样想法，所以我们的装备也浩浩荡荡地在祈福台后面摆了一地。我们近 20 人面向祈福台，面向珠峰山体（但还看不见峰顶），席地而坐。这时候仪式开始了。喇嘛开始一边念经，一边往香炉里面烧松枝。烟缓缓飘出，松香也随之散发开来。我们听不懂念经的内容，所以就在诵经声中默默地祈祷。

面对昆布冰川，普迦仪式即将开始

喜马拉雅山区的太阳很大。祈福台处在毫无遮拦的一块空地上。顶着烈日，我们一坐就是 1 个多小时，但是没有一个人提前离场。这时，喇嘛停止了诵经，起身喊了个口号。夏尔巴人也起身了，然后从袋子里面拿出了很多五彩经幡。原来现在要开始挂经幡了。我们也纷纷起身，打打下手，帮着挂经幡。一串经幡大概 20 多个。以祈福台的旗杆为中心，朝着东南西北四个方向各挂一串。经幡五彩斑斓，珠峰雪白神圣，这个场景煞是好看。而且在藏传佛教里，经幡每飘一下，就是经幡上的经文被诵了一遍。经幡在风中不停飘扬也就是一直在为我们祈福。白雪神山，五彩经幡；飘扬四方，让人神往。

在祈福台的东南西北四个方向挂上五彩经幡

挂完经幡，普迦仪式进入高潮。夏尔巴人纷纷从祈福台上像刨冰的东西上掐一块下来，攥在手里揉碎，然后往天上抛，接着一边往嘴里放一边往身边人的脸上和肩上抹，同时嘴里还振振有词。他们也手捧着一些东西走向我们。放在我们手里一些，然后也在我们的脸上涂抹了一些。我一尝，口感很粗糙，但甜丝丝的。一问，原来是青稞面和白糖混合成的一种食物，专门在重要节日和仪式上作为贡品。然后，把揉碎的部分涂在队友脸上和肩上，这是一种祝福、一种吉祥的象征。嘴里念念有词，就是在不停地祈祷。整个普迦仪式就是把这种食物献给珠穆朗玛。现在我们把它吃下去就是和珠穆朗玛连接在一起了。我得知后立刻吃了几大口。当天我们是第一次和大本营的夏尔巴协作大部队见面，但他们非常虔诚地给我们送上了祝福。而且整个场面没有嘻哈打笑，而是目光凝重、认认真真。他们的眼睛里没有虚假或者应付了事，而是充满了真诚，真诚地希望即将登峰的勇士们能顺利和平安。一个个夏尔巴协作轮流过来给我涂青稞粉，不知不觉我的眼睛湿润起来。不一会儿，眼泪顺着我的脸颊淌了下来。登珠峰每年都有人不幸遇难。他们见得多了，也就更加清楚登珠峰的风险。他们是真心希望我们平安啊！是啊！我们任何一个登山者都有可能成为那些不幸丧命的人。此时此刻哪里是一个祈福仪式，分明就是将士们上战场前的壮行会！

给万物之母珠穆朗玛献上贡品——青稞粉

人人脸上都是象征着吉祥和祝福的青稞粉

每人脸上都涂了青稞粉后，喇嘛又递给我们一杯当地的青稞酒。滴酒不沾的我，此时端起酒杯，一饮而尽。然后，全体人员肩并肩地搂成一排，颇有点比赛开始前围成一排互相鼓劲儿的架势。这时大喇嘛唱起了民歌。其他夏尔巴人跟着一起唱，而且一边唱一边跳起舞来。我们不会唱歌，就跟着一起跳起舞来。原来普迦的正式环节已经结束，现在是欢乐时光。大喇嘛唱完了，其他的夏尔巴人接着领唱。唱歌、跳舞、饮酒，夏尔巴人在大本营这么枯燥的环境下也能自娱自乐。不过我边跳边想，他们参与攀登珠峰这么危险的工作，可不是得能乐就乐嘛，说不定下次上山就再也下不来了。不想那么多了，我也能乐就乐，一起跳舞吧！

仪式尾声，大家一起
唱起了山歌，跳起了夏尔巴舞

也许有人想问，夏尔巴人为什么要登珠峰？其实原因很简单。他们登山的主要目的是为了提高经济收入。珠峰的登山季是每年的 3 月到 5 月。在其他时间里，这些夏尔巴人基本上都以务农为生。而这三个月里的收入是他们全年务农收入的 4~5 倍。所以，几乎所有夏尔巴男子以及少部分女子，都会以不同形式参与到登山产业中来。比如说，陪我上山的夏尔巴向导名叫边巴。别看他个子不高，黑黑瘦瘦，面带稚气，今年才 22 岁，但已经登顶 3 次。他来自当地的福尔切村。那个村有常住人口 300 人。其中有 73 名男子登顶珠峰。也就是说村里一半的男子都登顶过珠峰。这个常住人口登顶比例恐怕是世界之最了。而福尔切村也只是众多喜马拉雅山区村庄中的一个。靠海吃海，靠山吃山。在这里体现得淋漓尽致。当地的夏尔巴人也知道是珠穆朗玛峰给他们带来了提高收入的途径，所以也更加地尊重和爱护珠峰。

陪我上山的夏尔巴协作——边巴，
22 岁已经登顶珠峰 3 次

结语：在大本营的第一天，我们参加了普迦仪式，祈求万物之母珠穆朗玛允许我们接近她、攀登她、触碰她。仪式尾声，我已经满脸热泪。登山生死未卜。普迦仪式好似壮行会。

Today, I was actually in tears for the first time in a very long time. Not out of sadness, not out of excitement, and definitely not out of fear...but out of being touched by sincerity.

Day 14

世界最高的诊所和浴室

2018 年 4 月 18 日

今天是来到大本营的第二天。今天的主要任务就是休整，尽可能地适应海拔。如果对大本营这个海拔有高原反应，那么今天就肯定能显现出来了。有什么其他不适的症状，就尽量利用今天来积极恢复。对我来说，目前还没有高原反应，但背痛依旧。已经好几天了，我确实挺担心的。虽然现在疼痛没有加重，还坚持得住，但很难保证再往上攀升时不会加重。而且要真是登得越高背越痛，那我断定我登顶的机会就很渺茫了。在 8 000 多米时，就算是完全健康的人也举步维艰，更别说有背痛的人。我不敢有任何怠慢，趁着今天是休整日，去了一趟著名的珠峰急诊室。

每天早上起来，我们的帐篷都已披上银装

珠峰急诊室是搭建在大本营的一个大帐篷。它是一个公益组织，不是盈利性医院，也不是政府机构。这里的大夫也都是来自世界各地的志愿者医生。他们并没有工资。维持珠峰急诊室运营的费用基本来自在此看病的登山者们和一些赞助机构。我“有幸”体验了一回这个世界最高诊所的服务。急诊室里的设备基本上都来自美国，里面看着很像一个小型的美式诊所。急诊室里有三名大夫，两名尼泊尔医生和一名澳大利亚医生。他们看上去年纪都和我相仿。其中一位尼泊尔大夫来给我诊断。我其实当时心里还有点犯嘀咕，尼泊尔大夫的医术能行吗？但后来事实证明，我的疑虑是多余的。他非常专业。经过他一系列的检测、询问和说明，我对他的诊断放下心来。他诊断我的背部并没有伤筋动骨的大伤，而是背部肌肉拉伤，需要热敷、按摩和休息。但病因呢？我以前从来没有背痛过，而且一路上也没有太负重，还每天都注意拉伸，怎么就莫名其妙地痛起来了？他说这有可能是我在平原地区锻炼时拉伤过背部肌肉，但由于伤势很轻，没有察觉到，但到了高海拔地区，这个小伤就觉出来了。他这么一说，我还真的回忆起了在健身房锻炼时确实有过一次小小的不适，但很快就过去了，一直也没当回事。看样子在这高海拔地区，什么小毛病都会被放大，并可能造成大碍。看样子登山也可以算是一次全面体检吧，目前只有背痛，证明我没有其他毛病。

珠峰急诊室内部

世界上海拔最高的诊所里，医生都是志愿者
（右三是给我看病的大夫）

给出诊断后，账单也来了。10 分钟，75 美元，可真够贵的。不过我转念一想，人家这是在 5 300 米做志愿者，这个收费已经非常合理了。我当时没带那么多现金，人家倒也不急，说我回头给他们就行。回到营地后，我们的登山教练包一飞给我按摩了一阵儿。他是一位知名的极地向导，也是登山高手，曾经带队去过南极、非洲最高峰、欧洲最高峰、南美最高峰等极酷的地方。这次虽然也是他第一次尝试攀登珠峰，但人家的登山和户外经验摆在那儿呢。在从事极地向导之前，包教练曾在北京师范大学珠海分校任教，专业就是户外登山运动。他是真正的登山行家。运动护理也是他的专业内容之一。教授级别的人物亲自给我按摩，我真是太幸运了！而且人家的按摩，和一般的按摩技师简直是两码事，专业的就是专业的。包教练给我按了 20 分钟后，我的背痛还真就缓解了许多，真神了！ 未来两天，我都麻烦包教练接着给我理疗。三次之后，背部就再也没痛过了。在这里，我要再次感谢包教练！

包教练（右一）和天巴领队（中）陪我去大本营急诊室（背景的白帐篷）看病

我们队有两位登山教练，一位是刚才介绍过的包一飞。另一位叫张宝龙。张宝龙教练今年正好 30 岁，曾在 2017 年首次登顶珠峰，是中国目前唯一的高海拔登山向导。登山教练除了给我按摩，当然还有其他责任。他们的主要责任就是训练我们的登山技术和保护我们的安全。登山技术训练是训练对绳索、冰镐、冰爪、安全带等一系列装备的灵活使用。保护安全不止是在登山路上，更是包括在大本营和其他营地生活的方方面面，比如，如何应对高原反应，吃不好睡不着怎么办，与夏尔巴人有沟通问题怎么办等突发的以及意想不到的事情。我觉得他们不光是教练，同时也兼顾了大本营生活委员的责任。除了登山，还得照顾全队的人，真挺辛苦的。

今天除了看病和理疗，我还干了一件很必要、很有趣，但又很有风险的事。

那就是洗澡。大本营的洗澡间是世界上海拔最高的能洗澡的地方了。那是一个蓝色的帐篷，人可以直立在里面。在帐篷内的顶部悬挂着一个黑色的袋子，有点像练拳击的沙袋，不过比拳击沙袋小了很多。洗澡前往袋子里面灌上两暖壶开水，就算准备就绪了。拧开袋子底部的小喷头，水就如浇花一般流了出来。从喷头到地面，一共不到一米五。那人就得在这样的高度里迅速地洗澡。室外温度很低，热水凉得很快，所以洗澡速度很重要。而且洗完后，也要迅速擦干和穿好衣物，否则很容易感冒。整个脱衣服、洗澡、擦干、穿衣服的过程不过 6~7 分钟。但这 6~7 分钟其实冒着很容易得感冒的风险，而一旦在这个海拔得了感冒，那可真有可能恢复不了，甚至可能要下撤治疗后才能再次回到大本营尝试继续攀登。所以，很多登山者选择了宁愿忍着浑身汗臭，也不冒险去洗澡。我忍了好几天了，今天还是冒着风险去洗了一个，实在受不了自己身上的味道了。很幸运，我最后没感冒。多天没洗澡，今天得以一去尘污，痛快！这是我人生中洗的海拔最高的澡。

世界上最高的洗澡间

洗澡间内部

结语：今天是休整日，我去大本营急诊室看了看我的背痛，没有大碍。包教练给我理疗按摩后，感觉好多了。今天还冒着感冒的风险洗了人生中海拔最高的一个澡。

Day 15

临阵磨枪："恐怖冰川"训练日

2018 年 4 月 19 日

今天是非常重要的训练日，训练攀冰、用绳索、过梯子等攀登珠峰必备的技能。这些基本功掌握不好，不止没机会登顶，甚至会丧命。说基本功不过硬就去登珠峰是不负责任地玩命一点也不为过。在大本营的日子里，有相当的时间是投入在基本功的训练上。海拔、场地、人员这里都有，在大本营就是最适合训练的。而且，这段时间是冲顶前最后的训练机会了。临阵磨枪，不快也光啊！必须刻苦认真地训练。

冰壁攀登的训练过程中

说珠峰大本营是世界最高的训练场那是名副其实。海拔 5 300 米已经高于绝大多数人一辈子能达到的最高海拔，比我们经常听到的米拉山口还高了 300 多米。来珠峰前，我在四川的海拔 3 500 多米的四姑娘山训练过登山和攀冰技术。2018 年 1 月的四姑娘山晚上也是零下，冰壁是一块冻上的瀑布。当时训练时，我觉得爬上那块 20 多米高的冰壁简直是不可能的事情。整个攀登过程中，一直觉得劲儿不够使，喘不上气来。最后真的爬上去后，已经是筋疲力尽、浑身大汗、瘫倒在地。但现在的训练比四姑娘山还高了 1 800 米之多！真不知道我会有什么样的表现。

大本营就是一个天然训练场

大本营的地理位置就在昆布冰川的最下游，也就是冰川的岸边。而在珠峰大本营训练攀冰，还有什么比在真正的昆布冰川上训练更真实呢？！几十米高的冰塔随处可见，说这里是个冰塔林一点儿也不为过。不仅我们队，其他的登山队也把这里当成天然的训练场。我们走出营地，跨入冰川，挑选好一两个有模拟意义的冰塔就可以开始训练了。不过，在冰川上走动还是有一定风险的。因为冰面下面有暗河。如果那块冰面很薄，人踩在上面可能会从冰面上掉下去。在这么高海拔的地方掉进冰窟窿可是个要命的事儿。所以，训练开始前，我们的夏尔巴向导们会事先去冰川踩点、探路、选址。等他们觉得安全了，再招呼我们过去。

说到这儿，我也必须说说我的教练们。之前介绍过来自中国的包一飞教练和张宝龙教练。现在我着重介绍一下我们的两位夏尔巴教练——昂次仁和卡吉。昂次仁，48 岁，1 米 70 左右，登顶珠峰的次数连他自己都记不清楚了。他是我们全体人员的总负责人，他在喜马拉雅登山圈里也是大名鼎鼎，德高望重。不光是我们队，其他人也都尊称他为昂大。“大”是尼泊尔语里“大哥”的意思。我们是他带的第一支中国队伍。之前，他主要带的是欧美登山队。而且在非喜马拉雅山脉登山季的时候，他时常被邀请到瑞士、挪威、阿拉斯加等地去带队登山。这些天在大本营，不少欧美领队和协作人员见了他都亲热地打招呼、拥抱。尼泊尔的夏尔巴们更是几乎没有不认识昂大的。跟着昂大出门挺有面子的。似乎我已经“师从名门”了。但这样的明星教练居然连一点架子都没有。总是面带微笑，问大家要不要尝尝他现磨的咖啡。他一路上也确实挺照顾我这个登山新手的，包括我背痛不止时给我按摩、上药等。在后来冲顶珠峰成功后，下撤时，昂大和我还有一段永远难忘的经历。

我们的另一位教练卡吉，也是来头不小。他今年 42 岁，身高也是 1 米 70，参加过 12 次攀登珠峰的活动，成功登顶珠峰 8 次。而且，卡吉那长长的络腮胡绝对让人过目不忘。卡吉是昂戴的副手，主要任务是负责夏尔巴们在登山过程中的一切。在非登山季的时候，卡吉是一位越野自行车骑手和教练。他给我留下的印象里最深刻的有两点：一是体力超群，二是友善好学。无论是在徒步过程中还是在拉练过程中，卡吉背的装备永远是最沉的，但他依旧健步如飞，而且似乎永无疲态。同时，他非常友善，对我这样的登山新手非常有耐心，不厌其烦地给我解释各类问题。一路上没少麻烦他。而且卡吉好学也是出了名的。由于家境贫寒，卡吉从来没有上过学。他不识字，只会听和说。卡吉和我交流用的是英语，而他的英语都是平时与欧美登山者们登山时“混”出来的，没有去学校学过一天英语。就这样，卡吉的英语口语比不少留学回来的人还要好。而且，他们家兄弟姐妹一共四个，但只有他赡养老母亲，让人非常佩服。卡吉还不止一次告诉我，他们家的祖先是从西藏来到尼泊尔的，他是第六代，他们家的根在西藏。试问，现在的我们有几个知道自己六代以上的祖先来自哪里？永记祖先，不忘根源，再次让我心生崇敬。

今天又是个艳阳天，天时地利人和，再适合训练不过了。我们全队人来到冰川上，穿戴好冰爪、头盔和安全帽。在冰上行走到教练们选好的冰塔前。那是一座有两个 30 多米高的冰塔的联体小冰山。它的形状不仅很适合练习攀登，而且适合练习下降。冰壁很陡，难度不小。不过有了之前在四姑娘山的攀冰经验，我这回放松多了，也沉着多了。不能说轻而易举，但向上攀登确实感觉比之前容易了许多。但却又再次证实下山是我的巨大弱点。队友们都牵着绳子，一步一步地踩在冰壁上，顺着路线下山。看起来都挺轻松的。当轮到我的时候，我朝下一看，向上攀登时还不觉得高的冰壁怎么突然变成悬崖峭壁了？顿时有点脚软。然后向下撤的时候，我总是觉得自己会摔下去，动作奇慢无比。别人都是上山慢、下山快。而我恰恰相反。也算是成了当天训练的一景。练习了好几次，都是如此。最后，教练给我的总结是上山勇往攀登，下山经验不足。上山时只专注登峰，经验不足被我的兴奋和登顶决心所掩盖；而下山时面对悬崖，恐惧感让我的经验不足暴露无遗。登山没有速成的，只能靠一次次的尝试和练习来积累经验。登的次数多了就习惯了，下山也就不害怕了。训练结束后，我心里是有些忐忑的。因为我对登顶珠峰的信心程度大大高于安全下撤。我知道到时候无论冲顶成功与否，下撤都会是个不小的问题。这是真实的隐患。曾经有队友问过，怎么知道队员在体能、技术、心理等各方面都达到攀登珠峰的条件？仁者见仁，智者见智。每个人可能都有自己的答案。但我的答案是你永远都不可能知道是否完全准备好了，直到你成功登顶并安全下撤的那天。冲顶之前所做的一切准备，无论是体能、技术，还是心理，都是尽量使自己接近自己的巅峰状态。然后，祈祷自己的巅峰状态足够冲顶珠峰。但是到底够不够，只有尝试了才知道。不过，可以肯定的是，如果不把自己的各方面调整到最佳状态，那不仅是肯定无法登顶珠峰，而且还有可能命丧雪山。

训练结束后，回到营地，我发了几张“解密”大本营如何洗澡的照片，和关注我的朋友们一起乐一乐。登山期间的晚上是挺孤独、挺无聊的，只有早早入睡。这种自娱自乐也是我放松心情的一种方式。耐得住寂寞、挺得过孤独，也是一种修行。不只在登山路上，在创业路上、在人生路上，何尝不是孤独的、寂寞的？只有强大自己的内心，克服这些困难后，才能遇难不惊，最后脱颖而出。

马步洗头

坐在石头上洗身体

结语：今天是训练日。我们在昆布冰川的小冰山上训练攀冰和下撤。我向上攀登还不错，但再次证实下撤是我的弱项，也是未来的隐患。

Day 16

训练、工作两不误，世界最高的金融 IT 系统测试

2018 年 4 月 20 日

今天干了两件我个人觉得比较“牛”的事情。一件是攀冰训练结束时，我成功地攀登了一段断崖式的冰壁，其他队友都没成功；另一件是在大本营通过妥妥递科技自主研发的录音录像系统，远程参加了位于成都总部的生日会。

继昨天的攀冰训练后，今天我们找了一座难度更高的小冰山进行训练。冰山的难度主要由高度、坡度和冰山形态决定。高度，很容易理解，越高的冰壁越难攀登。坡度，实际上就是陡峭程度，越陡峭，自然难度越大。冰山形态稍微难理解一点，其实就是攀登时冰壁的形状，一块奇怪形状的冰壁肯定比平整光滑的冰壁要困难。所以，越高越陡越不规则的冰壁攀登难度越高。今天我们训练的小冰山就有一面这样的冰壁。高度还行，但比昨天的陡峭，而且加了一小段悬崖。有了昨天的基础，今天再上冰时，大家都显得沉着了许多。我的弱项依旧是下山。向上攀登时，主要注意四肢的协调性和合理发力，同时要保持冷静和良好的呼吸节奏。这几点，我觉得我做得还是比较好的。甚至在训练尾声，大家来到一段 3~4 米高的断崖面前尝试攀登，但纷纷折戟而归，而我却在第二次尝试时就一鼓作气登顶了。主要还得归功于我的力量好和体能好，上山前在平原地区的训练有效果。不过，下山就是另外一回事儿了。虽然有绳索辅助，但我还是很心虚。看着上升比我慢的队友们，一个个反超，还比我更早下到安全地带，我心里真是着急啊。但心急吃不了热豆腐，下山的心理素质和技能不可能一蹴而就，需要积累经验。所以，我现在唯一能做的就是耐心地训练，尽可能地提高。

远看冰山

第一次尝试攀登这座难度颇高的冰山，失败了

第二次尝试，成功登上了难度颇高的小冰山

中午回到营地休息了一段时间后，迎来了我期待已久的一个时刻。我联合创始的金融科技公司妥妥递自主研发的视频录音录像系统今天将正式亮相。而且，今天是公司每月一次的员工生日会。这次的生日会，我们邀请了来自大客户国泰君安证券公司和合作伙伴中国证券登记结算公司的几位领导来现场参加，可谓是

高朋满座。在生日会上，除了给当月的寿星员工们点蜡烛、唱生日歌、切蛋糕、过生日，也是一个与全体员工沟通的难得的机会。创始团队讲了业务进展和战略方向；人力资源给大家颁发了月度优秀员工奖和创新员工奖；新员工们自我介绍；大伙也借此机会向创始团队提问。每月一次的生日会，其实也是每月一次的战略会、表彰会、介绍会、圆桌会，一会多功能。妥妥递科技虽然历史不长，成立了仅两年多，但每月一次的生日会却已成为传统，也是员工们每个月都盼望的活动。从第一次生日会到今天，我一次都没有错过，这次也不例外。虽然我人在万里之外的喜马拉雅山，但我通过科技手段实时参加了远在成都的生日会。而且，这套科技系统完全是由我们成都团队设计、开发和投入使用的。

下午 3 点，我们准时连线。在大客户与战略合作伙伴们的见证下，妥妥递视频录音录像系统正式上线。一屏双画面，画质非常清晰。双方对话音质效果比我想象的好，听得非常清楚。全场对系统的成功报以了热烈的掌声。在 5 300 米的尼泊尔珠峰大本营时有时无的 Wi-Fi 环境下，都能有这样的效果，还用得着担心地处平原的大城市的使用效果吗？ 虽然不知道有没有人统计过，但我估计这应该是全中国乃至全世界的金融科技领域里进行的最高的一次产品测试和上线！同时，这也是妥妥递公司举办过的最具纪念意义的生日会。寿星们得到了他们平生“最高”的祝福。创新的生日会、创新的产品、创新的测试和上线、创新的推广，同时也是创新的品牌形象塑造。创新是妥妥递文化的重要组成部分。用实力和实例说话，比任何广告都更让人信服。

写到这里，我想感谢一下我的创业伙伴和团队。2016 年 7 月 22 日，我正式离开了我热爱的联想集团，开始了既让人兴奋，又充满未知的创业生涯。近年的创业路上发生了很多很多事，都可以单独再写一本书了。但有一点与此书非常相关，我必须清晰地描述下来，那就是创业与登山的相同之处。登山前，需要缜密的计划、严格的准备、准确的判断；登山时，需要协作的团队、灵活的应变、坚决的执行、勇敢的心理；最后下山时，需要冷静的头脑、稳定的心态、安全的下撤。创业前、创业时经过千辛万苦直到企业终于有所建树的过程，和登山的过程几乎是一模一样。它们之间还有一个巨大的共同点，那就是登山者和创业者都需要有一颗无比强大和勇敢的心！创业路如登山路。能不能过关斩将、迎难而上、穿云透雾、看到只有在顶峰才能欣赏到的极致美景，而且最后能全身而退，那就要看创业者的造化了。

垂直的冰壁

俗话说得好“一个好汉两个帮”。我也正好有两位创业伙伴。李中，我哈佛时期的同学兼室友。我们求学期间住在一起，度过了两年难忘的求学时光。毕业后，他加入了中国证监会，在其私募部工作了 7 年，其中后三年是代表中国在位于西班牙马德里的国际证监会工作。他也是中国驻国际证监会的第一个代表。姚耀，我 2010 年回国后即认识的好朋友，斯坦福大学生物医学工程系毕业的他放弃了美国黑石集团的高薪工作，毅然回国创业。几年前，他的公司被 Facebook 收购。他个人也成功退出，早早地实现了财富自由。没有他们的全情投入，就不可能有妥妥递的今天。感谢甚至感激之情不言而喻！特别值得一提的是，李中和姚耀都已娶妻生子，但他们为了创业，与家人聚少离多。在此，也必须感谢我们的家人对我们事业的支持和巨大的付出！最后要感谢的是我们的团队：他们大多是一群“90后”和“95后”的年轻人；他们是有冲劲、能吃苦、肯学习的小伙伴儿；他们是活泼调皮、兴趣广泛、爱玩好吃的都市潮人。发展到今天，这样一支70余人的团队才是公司最大的财富。任何公司，无论大小，成功与否，其实说到底都是看人。人兴、人齐才能成事。在此，我非常感谢为妥妥递付出青春的小伙伴们！其实要感谢的人还很多，但确实不能把这章写成了感谢信。

结语：在今天的攀冰训练中，我成功登上了一座有悬崖的小冰山，但下山依旧是我的弱项。下午，我通过妥妥递自主研发的视频录音录像系统，在珠峰大本营远程参加了成都的公司员工生日会。同时，也宣布产品正式上线。

Day 17~18

雪线之上的世界“名人堂”

2018 年 4 月 21 日—22 日

今明两天是我们在大本营的休息日。我也趁着这难得的喘息机会休整了一天，洗了上山以来的第二个澡。但第二天，我自己给自己加了训练量，练习冰上行走，尽可能地弥补我雪山经验不足的短版。这两天的其他时间也正好是阅读和记录的好机会。

队友们把各种各样的东西拿出来晒太阳

我把全套（除氧气装备外）
登山装备也拿出来晒晒太阳

这段日子没有手机信号，
就靠这根天线和大家保持联系了

咱们中国人常说“民以食为天”。我就先来谈谈大本营的伙食吧。吃确实是攀登珠峰的极其重要的环节之一。但这里说的吃，并不是指味道有多香，口感有多棒，而是营养的搭配和摄取。在 5 300 米的高海拔地区，缺氧造成人体心跳加快、造血能力下降、食欲减弱、消化不良、失眠频繁、脑细胞变少……人体机能会随着身体的不断消耗而逐渐衰退，最终死亡。所以，吃在这里是生命存续的关键，口味如何完全是次要的。也就是说，再难吃的东西，只要营养搭配得当、易消化，那么就算是当药也得吃下去。

我们的营地里，有一个作为厨房的专用大帐篷。这个大帐篷里面，锅碗瓢盆样样齐全。还有从山下背上来的煤气罐、蔬菜、肉类、罐头、佐料，等等。总体来说开个小食堂是够用的。我们的厨师是一位来自四川的二十多岁的小伙子，姓杨名鑫。年纪轻轻的杨大厨来尼泊尔之前在俏江南工作，厨艺了得。而且在来珠峰大本营之前，他曾经在玛纳斯鲁峰的大本营掌过勺，有高海拔做饭经验。但在这 5 300 米的海拔掌勺，他应该算是世界最高餐厅的厨师之一了。厨房里还有两位助厨伙计。这两位都是夏尔巴人。他们的主要任务是餐前帮助杨大厨洗菜、备菜，餐后帮着收拾碗筷和清洁厨具。一个伙房，三个二十多岁的小兄弟，他们担负着保证全体登山队员和夏尔巴向导们摄入充分营养的重任。具体吃什么，当然是杨大厨说了算。来自四川的他，川菜自然是他的拿手好戏。不过他的手艺远远不止川菜。而且，根据每天的训练强度和身体状况，杨大厨会灵活调整食谱。在这 5 300 米的高海拔，没有高原反应就算不错的了，他们还要每天琢磨着怎么给我们做饭，不仅要营养够，还要尽量口味好，实在不是个容易活儿。在此，特别感谢杨鑫大厨和两位夏尔巴助厨！没有你们的精心照顾，我说不定就登不上珠峰了！

我们营地的四个公共大帐篷：餐厅、厨房、办公室、仓库

大本营的餐食分早、中、晚三餐。早餐一般是 8 点半到 9 点开饭，有中式的稀饭、

水煮蛋、泡菜；也有西式的面包片、煎蛋、麦片。午餐是 12 点半开饭，内容相对简单。有时是泡面、炒饭、大锅汤；有时是炒菜、土豆丝、白米饭。晚餐是一天中最重要的一顿，晚上 6 点半开饭。杨大厨尽量把这顿饭做得丰富些、可口些。晚饭吃得好、吃得饱，才能睡得香，第二天才有劲。中式炒菜、尼式豆饭、韩式泡面、西式沙拉和奶酪……为了我们能保持良好的身体状况，杨大厨他们可谓是费尽了心思。不过就算是这样，我们的食欲还是远不如在平原地区时。尽管我们已经很努力地尽量多吃，我们的身体依然在慢慢地削弱。最明显的迹象就是体重下降。这十几天来，大部分人都瘦了。有的人甚至已经能看出来瘦了。而距离冲顶阶段的出发日，还有二十多天。真难以想象我们那个时候的身体状况，但可以肯定的是，那时候会远远不如巅峰状态。

这么多天来，我在大本营最难忘的一顿饭是第一顿晚餐。那是杨大厨为我们精心准备的一顿中餐，有回锅肉、炖羊肉，还有大米粥。不知是不是因为这十几天来，第一次吃到中餐，还是因为那天特别饿，或者是因为高原反应还没上来，总之那顿饭我吃得特别香。后面的日子里总是感觉饭菜逊色一些。而且，我自己从国内带来的豆豉鲮鱼也是第一次吃味道特别好，但后来再吃的时候就索然无味了。现在我回想起来，我觉得这就是高海拔所造成的食欲减弱。刚刚到大本营时，高原反应的劲儿还没上来，所以吃东西还有味道，也还有胃口。但多待几天就不行了，吃什么都没味儿。

这些天的伙食都来自这里

餐厅大帐里面的标配饮料

说实话，我们营地的厨房在整个珠峰大本营是小有名气。不少其他队的夏尔巴向导和欧美向导都来我们这里蹭过饭。其中不乏国际登山圈的大牌人物，例如：商业登山鼻祖，来自新西兰的罗塞尔·布莱斯；世界登山狂人，来自美国的康拉德·安可尔；登顶珠峰次数最多的世界记录保持者（23 次），来自尼泊尔的卡米夏尔巴；等等。还有来自多个国家的记者，以及珠峰救援队的总指挥、珠峰修路队的负责人、尼泊尔登山协会的领导等多位“珠峰要客”。既然来到我们的帐篷里，自然就得用美食换点他们的知识了。虽然这些人都是登山圈里江湖地位极高的人，但他们确实都很随和，是我们的好老师。从他们身上，我不仅学到了不少关于珠峰的知识和历史，同时也听到了很多其他奇妙之旅的故事。所以，有个好的厨师，除了吃饱吃好之外，其他好处也多多啊。

在休息日，吃饱喝足后，怎么充分利用空闲时间是门学问。锻炼身体？在高海拔是不可行的。上网阅读？总不能盯着手机看一整天吧。微信聊天？就算你想聊，对方也不见得能一直陪着你啊。在电脑上工作？一会儿就没电了。回帐篷睡大觉？白天睡了，晚上就失眠。总之，有点难熬啊！最后，我发现两招儿特别管用。一个是阅读，另一个是打扑克。打扑克一般是打姊妹对，也叫双扣，又名拖拉机。两个人一组，四个人一场。从 2 开始，互相“厮杀”，一直升级打到 A 为止。双方你来我往，笑声、惊讶声甚至埋怨声不断，高潮迭起。在这“枯燥”的大本营生活里，打扑克能让时间过得很快，是一个很受欢迎的娱乐项目。不少上山前根本不会打的人，下山时已经成了初级高手。尽管打扑克我也参与，但我更倾向于用阅读来消磨空闲时间。如果说吃饭是身体的食物，那么阅读就是精神食物了。平时在平原地区时，我就喜欢阅读，而且还常常苦于找不出时间来阅读，只有坐飞机时才能静下心来。现在在大本营的日子真是难得的阅读机会。不过在大本营阅读也有个困难，那就是缺氧造成人的反应变慢。那种感觉就是本来读一页书只需要 5 分钟，但现在可能要 10 分钟。缺氧不仅造成行动缓慢，连阅读速度都慢下来了。而且读着读着就容易睡着。我之前很少有这种状况。不过尽管如此，我还是在山上读了两本书，尤其是《珠峰 1953》。这本书详细记载和描述了 1953 年人类第一次登顶珠峰壮举的前前后后。它不仅是一本登山类书籍，还是一本近代史类书籍，更是一本近代政治分析类书籍。珠穆朗玛峰，一座山峰，当时竟然成了近代多个强国竞相争夺的标的。第一次登顶珠峰不仅仅是一项运动、一个壮举，更是多个国家、几代人、几十年的不懈努力和永垂人类史册的辉煌时刻。1953 年首次登顶背后的博弈、努力、创新、勇敢、坚毅、牺牲和跨时代的意义，那真的是不读不知道，一读吓一跳。在珠峰脚下，阅读关于珠峰的历史，更加让我对珠峰肃然起敬，对攀登过珠峰的前辈们的敬佩之情更是油然而生。在两周后，我就要踏上他们 65 年前的征程了。想到这里，我觉得既神圣，又兴奋。

难得的休息日，终于有时间继续阅读

第二天自己走冰训练时摆拍一张

试试冰牢是什么感觉

结语：难得的休息日，终于有时间继续阅读。越读越佩服当年的登山勇士们，越读越觉得今天的生活来之不易，越读越发自内心地感恩。

Day 19

行走在“恐怖冰川”之间，与死神近距离接触

2018 年 4 月 23 日

在休整了两天后，今天我们将进行攀登珠峰冲顶阶段的第一次拉练。攀登珠峰冲顶阶段分四个阶段，每个阶段有一个营地。一号营地海拔 5 900 米，二号营地海拔 6 500 米，三号营地海拔 7 300 米，四号营地海拔 8 000 米。从四号营地出发，就是最后的冲顶了。每一段都有其特点和难点。今天我们将尝试拉练的是第一阶段，而且目标还不是一口气到达一号营地，而仅仅是攀登其一半的路程。为何如此“温柔”呢？其主要原因就是从大本营到一号营地的攀登路线要通过著名的昆布冰川，又名“恐怖冰川”。

“伶牙俐齿”的冰裂缝

昆布冰川和洛子壁是珠峰南坡攀登的两大天险。昆布冰川其实是一条长 17 000 米的冰川河流，发源于洛子壁约 7 600 米处。离开洛子壁，昆布冰川在距离西部冰斗大约 3 200 千米处，迅速下降，形成大约 4 000 米长的昆布冰瀑。在珠峰大本营附近，冰川向南转弯，并继续延伸 9 600 千米至海拔 4 900 米处。冰川的宽度从 800 米到 500 米不等。和所有的冰川一样，昆布冰川的中心每

天会发生将近 1 米的位移，但由于与岩壁的摩擦，冰川边缘几乎不动。冰川的顶部比底部移动得更快。正是这种局部移动快慢速度不同加上地势急剧下降，形成了冰裂缝，一些冰裂缝超过 45 米深还有一些冰层超过 9 米高。昆布冰川之所以难以通过，是因为经常发生雪崩、冰崩、滑入冰裂缝、连接冰裂缝的搭桥断裂等，这些随时都可能夺走登山者的生命。危机四伏的昆布冰川已经夺走了众多攀登者的生命。在 1953 年至 2016 年期间，昆布冰川的死亡总人数为 44 人，占 176 人总死亡人数的 25%。

据说 20 世纪 20 年代初，英国探险家、登山家乔治·马洛里在寻找攀登珠穆朗玛峰的路线时，看到昆布冰川，他认为冰川陡峭不堪……而北坡简单多了……于是他把精力转移到了西藏。而直到 1950 年，查理·休斯顿和比尔·蒂尔曼率领的另一支英国侦察队，勘察从南坡攀登的路线时，才认为通过昆布冰川是有可能的。1951 年，另一个由埃里克·希普顿带领的英国队试图穿过冰川，但由于裂缝太大，在顶部附近被拦住了。早期的探险队为了通过冰裂缝，在梯子用完后，使用圆木通过这些裂缝。1952 年，瑞士的一支队伍在莱蒙德·兰伯特的带领下，克服障碍第一次通过了昆布冰川。他们沿着今天的东南山脊路线一直到达了 8 500 米处，但最终未能登顶。第二年，也就是 1953 年，由约翰·亨特率领的英国探险队用同样的路线完成了人类历史上第一次登顶珠峰的壮举。

来尼泊尔之前，我早就在电影里、书籍里“认识过”昆布冰川。即将真正开始踏上它、攀登它，心里还是有点紧张和兴奋。凌晨 4 点，外面一片漆黑，我们全队人员都已经整装待发了。我冲了一碗奶粉，吃了两个煮鸡蛋，绕着祈福台三圈默默祈祷后，正式出发。夏尔巴向导带头，我们鱼贯而行。一串头灯在黑夜里格外醒目。走了大约半小时，大家换上冰爪，正式开始进入昆布冰川。一片漆黑当中，拿头灯向周围一扫，才发现自己已经处于冰川深处。周围全是几米甚至十几米高的冰塔。我们就是在冰塔之间的谷底部位攀爬。越走路越陡。一开始可以正常行走，逐渐就要开始手脚并用，然后就要运用绳索了。再往上攀登就用上了冰梯子。没有这些梯子，我们不可能爬得上十几米高的冰壁。而在 5 500 多米的高海拔，背着装备在冰壁上的梯子上攀爬，也绝不是个简单事。不仅累、呼吸急促、缺氧，而且恐惧感极强，生怕一不留神滑下去。用一段绳索，徒手攀登一段，再爬一截梯子。如此攀登了大约 4 小时后，我们到达了昆布冰川的中间部位，也是今天拉练的目的地。我感觉良好，状态不错，有股意犹未尽的意思，还想往上攀登。但向导卡吉友好又权威地阻止了我。今天拉练目的达到了，下山。站在这里回头远眺已经被阳光覆盖的大本营，好一番景色！

凌晨 4 点，整装待发

在冰川的谷底攀爬

鱼贯而行

杂乱无章的冰裂缝

与地面几乎成 90 度的冰壁

回看“波涛汹涌”的昆布冰川

写到这儿，我不得不再介绍一下我们的登山向导队长——卡吉夏尔巴。卡吉给任何人的第一印象都非常深刻。因为他长长的络腮胡实在太让人难忘了。特别是在中国人眼里，体格健壮的他，皮肤黝黑，再加上络腮胡，活生生的一个关二爷啊！不过形象彪悍的卡吉可是个细腻耐心的人。尽管他不会说中文，但一路上他对我们所有队员照顾入微。而且卡吉还是个特别尊重祖先的人。8 次登顶珠峰的他，多次跟我很骄傲地说起，他的家族是六代前从西藏来到尼泊尔的。他们家族的根在西藏。他说到这里，我对他肃然起敬，甚至有羡慕之情，而且不禁暗暗惭愧。虽然卡吉不识字，但人家依旧知道尊敬祖先。而我这个喝过洋墨水的知识分子却不知道我的祖宗六代以上是干嘛的。

夏尔巴向导队长——卡吉夏尔巴，
好似“尼泊尔关云长”

结语：今天我们正式开始攀登珠峰冲顶阶段的拉练。第一步是适应昆布冰川，著名的珠峰两大天险之一。

Day 20

不是一个人在挑战

2018 年 4 月 24 日

在经历了昨天的昆布冰川拉练后，今天是一个休整日。因为在未来的五天里，我们将进行一次封闭性的拉练，从大本营一直攀登到 7 300 米的三号营地。这次拉练也是在冲顶珠峰前的最后一次大规模拉练。打个比方，这次拉练好似军事演习里的实弹演习。所以，全体人员都非常重视。这个休整日也自然很重要。我们要反复检查所有装备，尽可能地调整身体状况，并与亲友们远程道别，毕竟未来五天会处于失联状态。一旦离开大本营，再往上走，就没有网络，也没有充电源了。

对我个人来说，我的身体状况喜忧掺半。有好消息，也有担心。好消息就是我的背痛在减弱。之前的按摩理疗确实起了作用，同时通过这几天的休整和拉练，我也逐渐适应了这个海拔。不言而喻，背部不痛对我的冲顶来说减少了极大的阻碍。但可恶的是，我的咳嗽越来越厉害了。严重到我吸一口气都要以咳嗽来呼出。刚到大本营时，我时不时咳几声，也不觉得有什么事。但这几天，我的咳嗽越来越严重，越来越剧烈。有几次咳嗽都有点要把肋骨咳断的感觉。晚上躺在睡袋里咳嗽时，整个人的身体都被咳得弹了起来。而且这个咳嗽是干咳，并没有痰。不过严重干咳的并不止我一个人，几乎所有队友都是。中国人、夏尔巴人、欧美人都在咳嗽。咳嗽声在整个大本营可谓是此起彼伏。这就是出了名的“昆布咳”。昆布咳顾名思义是昆布冰川附近特有的身体反应。在 5 300 米的高海拔，空气不仅稀薄，而且干燥、寒冷。每次呼吸其实都是寒冷空气对喉咙和肺部的一次刺激。反应快的人可能还没到大本营就已经咳上了。反应慢的人坚持几天后也开始咳嗽。几乎很少有不咳嗽的人。轻者喉咙痛、上不来气，重者则有可能病变为肺水肿，有生命危险。昆布咳几乎成了珠峰攀登的标配症状，所以大本营也准备了多种止咳药、润喉糖。为了尽量减轻症状，我吃了一堆止咳药、糖浆、喉宝。能有所好转当然好，但至少不要恶化吧。

那么为何从大本营拉练到三号营地需要五天之久呢？简单来说，就是因为太高了。第一天，从海拔 5 300 米的大本营出发，攀爬昆布冰川整体，抵达海拔 5 900 米的一号营地，并在那里过夜。第二天，穿越西部冰斗，抵达海拔 6 500 米的二号营地。在二号营地，我们要过两夜。第三天，全天在二号营地休整，适应 6 500 米的高海拔（起初我还不理解为什么又要休整一天，但后来我才明白那一天真的是非常必要）。第四天，攀登珠峰两大天险之一的洛子壁，抵达海拔 7 300 米的三号营地并过夜。我听说相当一部分初次攀登珠峰的登山者还没到三号营地就下撤了，由此足以见得洛子壁的难度。第五天，从三号营地一直下撤回到大本营。我之前人生到达过的最高海拔就是 6 200 米的岛峰。这次拉练一下子要把我的最高记录提高了 1 100 多米，真是有点紧张，也很期待，完全不知道在那样的高度会发生什么。身体会有什么反应？咳嗽会不会更严重？也说不定所有毛病都一下子消失了？只有去了才知道。

我也想由衷地感谢本次珠峰挑战的合作伙伴们。攀登珠峰不仅意义非同寻常，同时费用也不低。在听说我有意挑战珠峰后，多位朋友向我伸出了合作之手。他们分别是联想集团、探路者集团、天府国际基金小镇、郎酒集团、中国证券报私募金牛奖、万希泉手表公司和哈佛大学华南校友会。没有他们的鼎力相助，这次珠峰挑战还真可能铩羽而归。

联想集团是我的老东家，尽管我出来创业了，但我们之间的情感依旧很深厚。他们对我的为人和口碑也非常了解。联想集团高级副总裁乔健女士听说我要

感谢联想集团！此行所有照片和视频拍摄都是用的联想 Lenovo S5 手机

挑战珠峰后，第一个赞助了我。联想集团成立35年来，还从未有过其品牌或者产品染指过世界之巅。这次如果我能够成功登顶，也将载入联想集团的公司史册。作为合作计划的一部分，此次珠峰行的所有照片与视频拍摄都使用的是联想集团的Lenovo S5手机。如果Lenovo S5能在零下40度的世界之巅正常运转，那么其优良品质不言而喻。敢拿珠穆朗玛峰当产品检测室的手机品牌，在全世界范围内也寥寥无几，这样的自信、这样的大胆、这样的“产品检测方式”一定会走红网络。而且后来事实证明，Lenovo S5也确实不负众望，记载下来许多珍贵的历史瞬间。

探路者集团是中国户外和高山运动装备的领先企业，其创始人王静女士本人也是一位登山高手，曾经4次登顶珠峰。我们是因为这次挑战珠峰而结识的新朋友。借此我要感谢我们的“媒人”，普林斯顿大学中国中心主任，也是我的好朋友刘瑾女士。没有她的热心介绍，也就没有这次相识。其实王静女士和我真正第一次见面是我登顶珠峰归来之后了，也就是说王静女士还没见过我真人就已经投入赞助我了。我后来也当面问了王静女士，当时为何如此大胆赞助我这么一个“登山菜鸟”？难道不怕如果我登顶未果，反而对探路者的品牌有负面影响吗？王静女士的回答让我很佩服她的远见和胆量。探路者产品的目标用户群体就是广大的户外爱好者，而非小众的狂热的登山迷。如果赞助一位专业登山家，确实有助于确保登顶成功，

感谢探路者集团！
此行所有登山装备都来自探路者

但专业登山家离目标用户们太遥远了，亲和力低，给人一种高不可攀的距离感。而我这样的“登山菜鸟”就属于其目标用户群体，有代表性，有亲和力。同时，冒一定风险赞助一位年轻人，本身就符合探路者的品牌精神——勇敢、探索、不畏艰险。是啊！没有风险，就没有收获。高风险，高回报。这次行程的全部登山装备都是由探路者集团提供的。从保暖

内衣内裤，到 8 000 米级别的联体羽绒服；从防风防雪面具，到透气羊绒袜子；从登山杖，到 55 公升冲顶背包；从徒步靴，到零下 40 度级别的睡袋。探路者的产品一应俱全。而且特别是其 8 000 米联体羽绒服和零下 40 度级别的睡袋，真的在我攀登珠峰的过程中起到了至关重要的作用！保暖、防潮、轻便、耐用、安全，缺一不可。探路者的产品又一次经历了世界之巅的严酷考验，也再一次告知全世界，中国的登山产品绝对是世界顶级的！

感谢天府国际基金小镇！
世界级的基金业态领航者

天府国际基金小镇相对联想和探路者来说比较不为大众所知。这很正常。因为小镇的目标群体并不是普通百姓，而是数以万计的私募基金管理公司和其他金融机构。位于天府之国成都市南部天府新区的国际基金小镇，是国家级的示范区。位置极佳，环境高雅，管理有序，是许多私募管理人青睐的理想办公地点。由于我的创业公司给广大私募管理人、信托公司、托管机构提供整体 IT 解决方案，所以我和小镇的同事们通过工作结缘成了好朋友。他们的愿景就是把天府国际基金小镇打造成世界级的基金业态。所以，我们一拍即合。小镇迅速成为助力我登峰的合作伙伴。

与小镇相反，郎酒倒是家喻户晓的大众品牌。我经常在机场、在高铁、在高速路上看到青花郎的广告。可是我本人并不喝酒，所以从未和郎酒打过交道。但有缘的是，郎酒集团是天府基金小镇的股东。通过小镇的朋友们，郎酒的领导易明亮先生听说了我即将挑战珠峰这件事。他们立刻表现出了强烈的兴趣。原来，在几千年的世界酒类历史上，还从来没有白酒登顶过世界之巅。如果这次我能带一瓶青花郎登顶珠峰，那么这将是改写世界酒类史的历史性举动。不仅仅对郎酒，

感谢郎酒集团！一起改写世界酒类史，为中国白酒争光

还对全中国的白酒企业，乃至整个世界的白酒行业来说，这都将是个载入史册的事件。但是在高海拔地区，连多背一根针都会觉得沉重无比，背瓶白酒上去更是难上加难。这多余的重量甚至有可能导致整个冲顶失败，成为压死骆驼的那根稻草。但面对这么史无前例的任务，我愿意冒这个风险，接受这个挑战。

《中国证券报》旗下的私募金牛奖是中国私募行业公认的最具权威的奖项，人称中国私募行业的“奥斯卡奖”。每年一度，国内表现优异的私募管理人们应邀出席金牛奖。全国两万家私募管理公司，能收到邀请的仅有 400 家左右，而真正能够最终登台获奖的也就几十家。金牛奖的评选严格程度可谓是千里挑一。对于新的私募管理公司来说，能获得金牛奖，就相当于被行业所认可，奠定一定的“江湖地位”。对于有历史的私募管理公司来说，能获得金牛奖，就是表现依旧抢眼的证明，能够巩固其品牌形象。对于投资经理个人来说，能获得金牛奖，就有了明星投资人的资质，也意味着他 / 她在未来的薪酬待遇会更高、在募资上更有说服力。数不清楚的私募基金会想尽办法拿到一张入场券，是真正的一票难求。而这样的高品质私募界权威盛会为何看重我这次挑战珠峰呢？就是因为登山精神和投资精神是高度相通的。登山需要缜密的计划、严格的准备、协作的团队、有力的执行和安全的下撤。投资也是如此！而且有哪个投资人不想成为最棒的投资人呢？金牛奖的理念与登山精神惊人地吻合，就是要登上行业的顶峰。我们一拍即合。

感谢私募金牛奖！中国私募行业的奥斯卡

感谢万希泉手表！民族手表品牌的翘楚

一般戴手表的人都知道劳力士、沛纳海、欧米茄等国际名表。但咱们中国本土的品牌却一直碌碌无名，在国际市场上几乎没有知名度。不过我相信咱们中国手表的品质也相当不错，甚至性价比还要高于国际大牌。万希泉就是这样一家手表企业。创立于2011年。但在之前相当长的一段时间里，他们给欧洲大牌公司做代工。历经两代人的发展，现在万希泉已经具备了提供从创意、设计、生产、销售、客服等全流程服务的实力。他们的核心产品就是陀飞轮手表，而且时常请港台影视明星代言推广。可是这样一家有实力的手表公司，在国内市场却几乎不为人所知。通过朋友牵线，万希泉得知我要挑战珠峰后，两天之内便火速与我达成合作意向。在任何文件都没有签署的情况下，送上他们精选的陀飞轮手表，请我带上珠峰。手表在攀登雪山的过程中是非常重要的装备。精准的时间、夜晚的荧光、舒适的配戴性，这些都是最基本的要求。同时它还需要具备经久耐磨、不惧严寒、防水防潮的特性。而且，必须是机械表，因为电池很容易被冻坏。不戴手表去登山会是一件非常疯狂的事情。所有登山者都必须清楚地知道回头时间。不管登顶与否，到了回头时间点，必须下撤，否则真的会有生命危险。那么手表是否准确报时就成了关键。我从未使用过万希泉手表，所以其质量能否扛得住珠峰极端环境下的考验，说实话，我心里也没谱。但是，为了挺一把民族品牌，我愿意带它冲顶。

另一位合作伙伴是哈佛大学华南校友会。这是一年多前，几个哈佛校友和我一起创办的服务广大华南地区哈佛校友们的组织，目前还处于校方的考察阶段（2019年2月被校方正式授权）。在国内，有北京校友会，有上海校友会，

感谢哈佛大学华南校友会！
愿我们的校友会越办越好

有香港校友会，有台北校友会，但幅员辽阔、人口最多的华南地区（包括广东、广西、湖南、福建、四川、云南、贵州、重庆）却没有一个自己的校友会。于是，来自哈佛的本科，商学院、教育学院、设计学院、艺理学院等的七位校友共同组建了现在的华南校友会。我们每个月都会举办各种活动，意在丰富校友生活、提供校友之间交流的机会，以及多为当地社区做贡献。华南校友会可以说是全球哈佛校友会里的婴儿，在校友圈里也毫无名气，甚至很多地处华南的校友们都不知道还有这个校友会存在。所以，校友会主席周鸿儒和我商量后，决定由我带着哈佛校徽、带着华南校友会的旗帜一起挑战珠峰。如果登顶成功，那块校徽将成为哈佛大学历史上第一块也是唯一一块出现在世界之巅的校徽。华南校友会也将成为全世界诸多校友会里面第一个，也是唯一一个登顶珠峰的校友会。做为校友会创始成员的我，也将成为第一位登顶珠峰的哈佛大学毕业生。这些对于新生的华南校友会来说，将会飞跃式地提升知名度。这会对我们在未来更好地服务校友们起到极大的帮助。回馈母校也本应是每个校友该做的。

最后，我还要特别提到我自己的创业公司——妥妥递科技。妥妥递是家领先的金融科技、监管科技公司，深耕于监管政策解读、信息安全、软件开发、云端存储、企业 SaaS 服务等，旨在为私募基金、信托、证券、银行、托管等机构提供整体 IT 解决方案和服务。从 2017 年年初成立到现在，我们刻苦研发出的产品确实已经是行业领先水平，但我们品牌确实还不为人知。品牌是敲门砖、品牌是企业形象、品牌是口碑。在两家公司提供相似产品的时候，品牌就是制胜的法宝。没有品牌的公司绝对不会是一家杰出的公司。而为了能迅速地让行业知道妥妥递的横空出世，为了能牢牢地让客户们记住妥妥递的靠谱形象，为了能明确地让创业同仁们看到妥妥递公司志在高远的雄心，我为自己的公司代言，冒着生命危险也在所不辞。创业时不拼命，更待何时？！

为我自己的创业公司妥妥递科技代言

在此，我要再一次、大声地、发自内心地感谢所有的合作伙伴们！我从来就不是一个人在登山，从来就不是一个人在挑战，我们一路携手共进！谢谢你们！

结语：今天是休整日。明天就要开始为期五天的“实战演习”拉练了。趁这个机会，我要认真地感谢此次挑战珠峰的每一位合作伙伴！

Day 21

雪崩！原计划搁浅

2018年4月25日

今天凌晨3点半，我们再次出发前往昆布冰川。这次不是半程拉练了，目标是要全程通过昆布冰川，并抵达一号营地。吃过简单的早餐后，我们出发了。外面一片漆黑，飘着雪，给人一种莫名的恐惧感。围绕祈福台三周后，我们迈入冰川。抬头一看，冰川上有点点亮光。原来有队伍比我们出发得更早，已经在攀登了。也好，就当有人帮我们先探探路。昆布冰川是一个活冰川，每天都在以不同速度移动着。昨天探好的路，今天不见得还存在。而且每天都有数次雪崩。一开始我听到轰隆隆的雪崩声还挺害怕，但过了几天就习以为常了。不过如果在攀登路上遇到雪崩，那可就麻烦大了。雪崩是登山者的最大天敌，也是头号杀手。一旦遭遇雪崩，生还的可能性微乎其微。珠峰历史上最惨重的一次山难就是因为一场突发的雪崩。2014年4月18日清晨，16名夏尔巴修路队员正在攀登昆布冰川。他们的目的地就是一号营地。在毫无征兆的情况下，一场雪崩突如其来，瞬间把他们全部吞没了。经过了二十几个小时的抢救和搜索，最终无一人幸免。也因为这次特大山难，夏尔巴人们失去了攀登珠峰的热情。2014年的登山季因此取消。直到2016年，珠峰攀登才回归尼泊尔。由此可以看出雪崩的危险性和破坏力。

我们一行人攀登了才一小时左右，就开始遇到正在下山的人。一开始我还没觉得什么，但后来遇到越来越多的下山人，才觉得有点反常。一般这个时间点应该都是上山的人。就算是凌晨下山，也不应该有这么多人。我的夏尔巴向导也觉得挺蹊跷。终于他和一个正在下山的夏尔巴人交流了起来。一问才得知原来是山上雪崩了。而且这次雪崩不偏不倚正好把事先连好绳索上山路线给淹没了。也就是说雪崩把登山路线给破坏了。在这种情况下，可以尝试翻越雪崩区域，也可以回到大本营等待修路队来重新连绳索。但尝试翻越刚刚雪崩过的区域风险巨大，不仅路更不好走，而且随时有可能二次雪崩。所以，绝大部分走在我们前面的队伍都决定下撤到大本营等待。我们全队人商量片刻后，一致同意安全第一，决定下撤回大本营，今天就此放弃攀登昆布冰川的计划。两次上昆布冰川都没整体通过，看来这个天险还真是名副其实。登山不是游戏，攀登珠峰更是挑战极限，危险无处不在，危险近在咫尺。

清晨 5 点半左右，我们安全回到大本营。队友们都各自回帐篷接着睡觉了。我当时已经很清醒了，毫无睡意。回头一看，昆布冰川和巍峨的珠峰西肩与努子峰被浓浓的云雾笼罩着，而且还时不时传来隆隆的雪崩声，但却一点也看不见，挺吓人的。今天下撤绝对是明智的举动。但面对这让人心颤的景象，我突发奇想，把今早发生的情况和现在的景象通过视频给远方的朋友们都看看。于是，我请队友帮忙，来了个现场直播。而且为了增加趣味性，我决定用葡萄牙语来介绍今早发生的一切。说实话，我也不知道我的葡语水平已经退步到什么程度了，但觉得肯定会挺好玩。试试看呗！

写到这里，我插播一段关于葡萄牙语的往事。葡萄牙语是小语种。全世界只有葡萄牙、巴西和安哥拉等几个国家说葡语。学习葡萄牙语的中国人也很少。我的葡萄牙语是在巴西半自学的。哈佛商学院毕业后，我决定加入了美国老牌金融机构花旗集团，成为其全球领袖计划的十名成员之一。在纽约培训和工作了一段时间后，我主动要求去巴西锻炼。当时我虽然不知道去巴西能具体做些什么，但是我知道巴西自然资源丰富，而且都是中国的发展所需要的，所以一定能探索出些机会，先去了再说。果不其然，在圣保罗的前两月，我就发现了不少中资企业想在巴西开展业务或投资并购，但由于语言、文化、法规、货币等许多原因，造成进展很不顺利，甚至出现巨额亏损。同时，我也发现巴西公司们也很头痛。他们觉得和中国公司沟通非常困难，而且常常不理解中方的一些举动。比如为何喝酒非要干杯？为什么需要表态时总是不直说“同意”或者“不同意”？等等。在发现了双方的许多痛点后，我自动请缨，并成功地组建起了整个巴西银行界的第一个针对中资机构提供金融服务的团队。这期间，我跑遍了大半个巴西。一年以后，花旗在巴西的中资客户，从仅仅 2 家上升到 9 家。为了干好这个中巴桥梁的角色，语言是必须过的关。为了能迅速地学习葡语，了解巴西当地文化，我放弃了花旗提供的外派人员酒店式公寓。而是选择和两位巴西同事们一起挤一个 50 平方米的民房。我们一起踢足球，一起去海边冲浪，一起烧烤，一起跳桑巴舞，一起泡吧……随着时间的推移，他们不仅教会了我生活常用的葡萄牙语，而且也让我迅速融入了当地文化，更重要的是，我们三人成了非常要好的朋友。这份友情一直保持至今。当然除了他们的帮助，我自己也抓紧所有碎片时间背单词。每次排队时、地铁上、公交车上、飞机上的碎片时间都成了我的自学时间。学会一门语言，就好似打开了一扇门。到巴西大概 3~4 个月后，我的葡萄牙语已经可以应付生活。6~7 个月后，已经可以听得懂 60%~70% 的会议内容。葡萄牙语从此成了我的第三语言，之前大学里面学的西班牙语只能排第四了。我也由此“幸运”地成为巴西队的忠实拥趸。现在用葡萄牙语录下这段视频，不仅是“苦中作乐”，也是对当年巴西时光的一种怀念。

今天剩下的时间就只有无可奈何地等候修路队的消息啦。我依旧是接着读书，而且特别是把关于昆布冰川的部分认真仔细地反复读。现在有了两次真实接触昆布冰川的经历，再读起作者们于不同年代描写的他们当年的经历时，更加明白书中的内容，那真是读来更加有滋有味。之前只有“理论”，现在是理论结合实际了。费了这么多天的劲儿，我们连一号营地的影子都没见着呢。而一号营地还是除了大本营之外最低的营地。那后面的二号、三号、四号营地得有多难啊？冲顶就更别提了！算啦，还是别想了……一晃到了晚饭时间，山上依旧没有传来明天能否重启攀登的消息。而且，天气预报说明天依旧多云。多云是登山的大忌。本来就已经够危险的了，再加上看不清楚就更要命了。看来明天是无法上山了，只有接着等待。多在这 5 000 多米的高海拔停留一天，就是多一天对身体的消耗。希望明天能有好消息。

在我发完微信朋友圈后，许多朋友给我留言鼓励和祝福。我的父亲给我留了一首诗以鼓励和提醒。

雪崩飞来至，险象危境生。回想高僧事，妖怪才启程。

进退需自如，莽汉一味冲。知己且知彼，胜券握掌中。

—— 于星垣

Day 22

等待也是一种考验

2018 年 4 月 26 日

今天上午，山上传来了好消息。经过一天的努力，修路队已经成功地寻找到另外一条穿越昆布冰川的路线，巧妙地避开了雪崩路段。我们明天凌晨 3 点会再次出发，继续走昨天没有完成的路段。而今天，就变成了我们计划之外的一个休整日。

我今天的时间是在远程工作、读书、打一小会儿扑克和洗衣服中度过的。2016 年夏天，我从联想辞职出来创业，四川妥妥递科技有限公司就成了我的全部。没有结婚，没有家庭，甚至没有女朋友，我的生活就是创业，公司就是我的另一半。原本积攒下来想买房子的钱拿出来投入创业了，原本每年几百万薪酬的高管工作不要了，原本是北京户口在香港工作的我连眼都不眨一下地搬到成都了，这一切都是为了创业。创业就是拼命，此时不搏，更待何时？这次挑战珠峰也是为了创业。我们没有历史、没有后台、没有黑科技，但如果挑战珠峰成功，我想这个壮举一定会在私募界引起许多人的好奇心。有了好奇心，我们推广起来就轻松多了。以前都是陌生拜访，经常话都没说完就吃了闭门羹。如果登顶成功，那至少客户们会对珠峰感兴趣，或觉得你们珠峰都敢去，这么拼命创业，应该不是孬种。兴许会给机会让我们说说自己的故事，介绍一下产品。品牌和口碑就是这么拼出来的。在攀登期间这 50 天，别的队友可以专注登山，但我依旧在工作。说我是身在珠峰心在蜀，一点也不为过。只要一有网络，我第一件事便是工作。有时是微信群里面用文字开会，有时是多方语音会议，有时是做决策，有时是修改报告内容，有时是测试公司新产品。有时实在是咳嗽得上不来气，厉害到肋骨都疼时，我就停一会儿，喘口气，来一勺止咳糖浆，喝口白开水，再接着工作。这 50 天下来，我人虽不在公司，但业务却一点也没被影响。反而，员工们、客户们、投资人们、媒体们倒是对我的勇气表示佩服。值了！

在珠峰的这段时间里，我牵挂的不光是公司，还有我的家人。36 岁的我，家庭成分还很简单：奶奶、妈妈和爸爸。奶奶 89 岁了，已经丧失行动能力了，但精神意识还很清醒。在我出发前，她躺在床上，紧紧地握住我的手，目不转睛地看着我，仿佛再也看不到了似的。我随后也紧紧地抱住奶奶，在她脸颊上亲了好几下，还一个劲儿地告诉她等我这个四代单传凯旋归来。可谁知道这一别，竟然成了永别。

妈妈定居在重庆。但因为我在成都创业，她时常来成都看望我。确实帮我们几个创业合伙人解决了许多工作上和生活上的后顾之忧。放着一览长江涛涛水的观景大房不住，来成都与姨妈挤一个没有电梯的老单位楼。每位母亲都爱自己的孩子，都担心自己的孩子，我妈妈更是如此。不仅每天关注我的朋友圈，而且每次留言都像是在写信。长长的文字仿佛她就在我身边。未来五天的实战拉练会让我与外界失联五天，难以想象当妈的会多么提心吊胆。

爸爸定居在香港。他是一位真正的铮铮铁骨男子汉。年轻时，他是北京赫赫有名的什刹海体校冰球队的主力中锋。在单位工作时，又是几千人大公司的篮球队的主力控球后卫。从大学退休后，他还坚持每两天一跑。而且，他现在还几乎每天都讲课。身体好得根本不像个退休人士。爸爸老说：“叶利钦 70 多岁还跳迪斯科呢，我怎么着也不能比他差吧？！“ 在这次挑战珠峰上，爸爸是绝对地支持我。他认为我是在尝试一个他应该去完成的壮举。这一路上，他经常以诗的形式来给我鼓劲儿和提醒。例如下面这首：

大本营地帐篷扎，夏尔巴人是一家。稳扎稳打取胜道，强民师叔铄言发。

雪崩换来休整日，蓄势待发力更佳。胆大心细征程路，父子军团待开花。

我很牵挂他们。在山上，我们每天都会通过网络来语音沟通。天气好的时候，我们甚至会视频。一下子感觉我跨越在两个世界。彷佛就在眼前，但又远在天边。

那种感觉很奇妙，也很温暖。特别是在我即将启程并失联多天的前夕，感觉像是要上战场，有了一丝生离死别的悲壮。

在这计划外的休整日，我也做了件计划外的事儿，那就是洗衣服。我来了尼泊尔已经 20 多天了，但还一次没洗过衣服。其实我是一个特别爱干净的人，但在这么高的海拔洗衣服特别困难。一是累，只能手洗，搓几下就会觉得缺氧，上不来气。二是冷，就算用热水洗，不一会儿就变成冰水了。三是冰，洗好的衣服不容易干，隔一夜就变成冰服了。不过尽管我从国内背了不少衣服来，但再不洗洗，我很快就只有接着穿脏衣服了。正在琢磨到底要不要动手洗衣服时，突然天降喜讯。我们的夏尔巴助厨愿意帮我们洗衣服。每盆衣服交 1 000 卢比即可。别说 1 000 卢比了，就算是 2 000 卢比我也愿意啊！就这样，夏尔巴助厨可以挣些外快，我可以省些事，成功地把洗衣任务外包了。洗完以后，晾干衣服也很有趣。凡是可以挂得住的地方都可以用来晾衣服。比如说，帐篷外围的固定绳；帐篷里面的座椅靠背；甚至室外的石头上都是晾衣服的好地方。不过要祈祷风和日丽。一旦起风或下雪就要立刻抢收衣服。我用我的衣服好好“装饰”了一下餐厅大帐篷的外围。晾了一下午，天开始黑起来，我以为在外面再放一会儿没事的，等吃了晚饭再收。可晚饭后我去收衣服时，才发现所有衣服已经成冰块了！每一件衣物都是又冰又硬。我当时真是“晕菜”了，太低估珠峰大本营夜晚的降温速度和温度。没辙了，明天我们就要开始实战拉练五天，我只好拜托夏尔巴助厨明天帮我收衣服了。

我用洗好的衣物好好
“装饰”了一下餐厅大帐篷

结语：因为雪崩断路，今天是计划之外的休整日。除了远程工作、读书和打扑克，我还洗了衣服（晾在了主帐篷外）。蓄势待发。

Day 23

名不虚传的“恐怖冰川”

2018 年 4 月 27 日

凌晨 3 点，我们再次启程出发，这是第三次踏上昆布冰川。希望这次能顺利通过，抵达一号大本营。虽然依旧是一片漆黑，但没有风，能很清楚地看见天上的星星。这种天气算是相当不错的。有了前两次上昆布冰川的经验，这次我心里有谱多了，也就没有任何紧张感了，甚至连兴奋感也大大降低，一心想的就是事不过三，这回该能一次通过了。心里挺好奇昆布冰川上面是什么样子，一号营地是什么样子。不过饭要一口一口吃，路要一步一步走，先认真走好脚下的路，别想太远。不过这次确实很顺利地就到达了前几天拉练的地方，用时 3 小时。这里是我们今天的休息点，可以吃点东西、补点水。接下来就要进入我从未涉足的领域了。

左边冰岩随时可能崩塌

再往上攀爬，冰壁的坡度明显变陡，而且通道越来越窄。有的地方几乎就是手脚并用，而且似乎还上不去，背后的装备背囊好像一直把你往下拉。用了吃奶的劲儿终于攀上一个坡后，往前一看，又是一片看不见顶的冰川在等着呢。一步步往前走，太阳也一点点地露出头来。抬头一看，吓了我一跳。一块巨大的冰块悬在我的上方，有好几个别墅加起来那么大。而且冰块与地面的连接部分比冰块细了不少，整个看起来有点像个超级大蘑菇。同时也有点像个凶神恶煞的巨人低着头盯着我。如果我们一不小心惹他生气了，他就会随时一个巴掌拍下来。我在他面前真的就小得像个蚂蚁。正当我准备拿出相机拍下他的尊容时，我的夏尔巴向导似乎看出了我的意图，立刻转身拍拍我的肩膀，并给我做了快往前走的手势。我正想解释说明就想拍张照呢，他又立刻给我做了个“嘘“的手势。他走到我身边，贴着我的耳朵，小声说：“这里很危险，一分钟都别多留。不是照相的地方，赶快通过。”仿佛如果说话的声音再大一点都有可能把冰块震下来。是啊！他说得很对。登山可不是旅游，安全第一！ 还是赶快通过为妙。

我们又向上攀登了 4 个多小时。我已经觉得累得不行了。平时在城市里也不会连续走 8 个小时的路。现在在接近 6 000 米的高海拔区域，氧气稀薄，身着装备，背负行囊，咳嗽不停，居然已经攀登了 8 个小时，我真的是快到自己体能的极限了。一步比一步慢。步伐也开始不稳。头也逐渐耷拉下来。就在这个时候，突然一个黄色的东西冲进我的视线。在冰川上，除了冰雪的白色，就是岩石的黑色。那个黄色的东西到底是什么？仔细一看，原来是一个小帐篷。一号营地到了！突然我好像看到了希望，终于要熬到头了！但是从我现在所处的位置到营地还有一小段路程。太阳也已经高高地悬挂的天上。我已经又累又饿又渴，太阳又大，最后这一小段走得非常艰难，可以用乌龟爬行的速度来形容。最终抵达一号营地时，我已经完全筋疲力尽。更顾不上看看一号营地是什么样子，或者拍拍照，我找到了我的帐篷，一头便扎了进去，登山靴也没脱，就露在帐篷外面，睡袋也没铺开，就倒在防潮垫上再也不想起来。我心想，这才到一号营地我就累成这样，那后面怎么办啊？

不知过了多久，我居然被热醒了。珠峰地区的日照非常强烈。我们用的帐篷都是不透风的材料制作的。中午太阳最大的时候，帐篷里面好似一个烤箱。加上我身上还穿着凌晨 3 点出发时的羽绒服，一下子从冷得打哆嗦，变成了浑身出汗。

我本应该脱掉羽绒服，打开透气窗口，或者在帐篷外面待着，但是由于实在是太累了，根本不想动，所以就这么忍着热，在帐篷里躺着。可是这么一躺不要紧，没过一会儿我开始头痛了。这可把我吓坏了。我可不想在这么高的地方生病。不行，必须逼着自己坐起来，然后钻出帐篷呼吸呼吸新鲜空气。这个起身的动作在平原地区是一个多么微不足道的瞬间的动作啊。但在这一号营地，简直就是一个心理和身体的双重斗争。费了九牛二虎之力，我终于逼着自己挪出了帐篷。呼吸了几口新鲜空气，拉伸了筋骨，远眺了洛子峰（一号营地还看不见珠峰），感觉好些了。这时候我感觉缓过劲儿来了。也放眼观察了一下一号营地。原来所谓的一号营地就是零零星星的五六个帐篷。把其他队伍的帐篷全部加在一起也就几十个帐篷，比大本营小太多了。地点位于昆布冰川的顶部和西部冰斗的底部，是二者交接的一个平缓区域。

在这高海拔地区，背着水上山是不可能的，太重了。靠山吃山，我们饮水的来源就是周边的冰块。用铁锹铲开表面的雪，底下的冰块便露了出来。然后，用冰镐将大冰块砸成数个小块，装进袋子里，扛回营地。别看这简单的动作，真正做起来还真费劲。我感觉好多了，就自告奋勇地去帮助夏尔巴向导们铲雪敲冰。可谁知没几下，我就气喘嘘嘘，上不来气。旁边的夏尔巴们笑着看着我，然后很自然地从我手中拿走冰镐，感觉那意思就是“你还是歇着吧，看我们的”。确实，我看他们抡起冰镐啪啪啪地没几下就已经敲碎了一地的冰块。装了一麻袋，往肩上一扛就往营地走。不得不佩服他们的体力！

正在一号营地附近和边巴取冰，我们的水源

回到营地，他们将冰块放进小锅里。不一会儿，冰块就化成了开水。再过了一会儿，装满了几暖壶热水。他们先是给我们泡上了茶包加蜂蜜，然后用热水泡方便面为我们做晚餐。在累了一天后，能喝上一杯蜂蜜热茶，真是一种享受。平时从来不吃方便面的我，今天吃了两碗方便面，而且觉得这是我这辈子吃过的最香的方便面。吃饱喝足后，队友们之间开始攀谈起来。其中不乏怀念平原好日子的感慨。是啊，放着平原的好日子不过，来这里花钱找苦吃，还随时都有生命危险。不过说着说着，大家又不约而同地觉得能够有机会挑战珠峰吃多少苦都是值得的。天色转黑，大家都早点睡了。明天就要向二号营地进发了。

边巴和卡吉正在烧水做饭

结语：今天首次全程通过昆布冰川，抵达一号营地。我累得半死。下午算是缓过劲儿来。

Day 24

低估了一号营地到二号营地的难度

2018 年 4 月 28 日

从一号营地到二号营地的路程是整个珠峰南坡攀登路线里面难度相对较低的一段。这段路就是要通过西部冰斗（Western Cwm）。西部冰斗连接着昆布冰川顶部和洛子壁底部（二号营地所在地），两侧分别是珠峰西肩和努子峰，相当于是一个 2 000 ～ 3 000 米长的被冰雪覆盖的山谷。这段路的海拔上升并不算大，从 5 900 米到 6 300 米。但它的难点有三：一是有几个垂直的断崖式的大冰壁需要攀登；二是需要过十几个梯子；三是强烈的日照和高温。

我们今天没有凌晨出发，而是几乎睡到自然醒，太阳高照后，9 点左右才出发的。一出帐篷便体会到了强烈阳光的厉害。天很蓝，一片云彩都没有。阳光毫无遮拦地直接射下来，再在平滑如镜的雪面上反射，整个西部冰斗看上去非常耀眼，行进路上有种一直要盯着汽车大灯前进的感觉。所以，偏光太阳镜是必不可少是装备。为了这次登山，我专门在加德满都采购了一副，花了两百多美元，当时挺心痛的，但现在觉得太值了。除了护眼，护肤也是非常重要的。这么强烈的紫外线和反射很容易就把人晒伤，而且容易导致皮肤癌。我 3 月份去夏威夷参加同学婚礼时，特地采购了一瓶 SPF100 的防晒霜。这是美国市面上能买的到的防晒指数最高的防晒霜。国内还买不到，最高也就 SPF50~SPF60。不仅要擦在脸上、耳朵、脖子、双手上，任何裸露的部位都要擦好才能出发。一旦被晒伤，在高海拔地区很难恢复。随着强烈的日照而来的还有一个问题，那就是高温。尽管西部冰斗的海拔在 5 900~6 600 米左右，但在一个没有风的正常晴天，气温可以高达 35 度！一般人身着羽绒服，背着装备，在行进运动中，没有太阳都会出汗。现在不仅艳阳高照，而且没有一丝风。按理说是难得的好天气。但这个好天气却让我们好煎熬。穿着羽绒服在三十几度的高温里前进，这种滋味恐怕只有在珠峰路上才能“享受”得到。

西部冰斗放眼望过去是一片缓缓上升的冰原，看着挺温柔、挺安全的。但实际上，在这温和的表面下却危机四伏，因为底下布满了冰裂缝。冰裂缝（crevasse）是冰川在运动过程中，冰层受应力作用形成的裂隙。浅的冰裂缝有几米深，而深的冰裂缝则有几十米深，甚至深不见底。要是以为雪面平整就踏上去，那说不定立刻就会穿破雪面，坠入冰裂缝。这是珠峰攀登中最常见事故发生原因之一，而且各种影片中都必然有坠入冰裂缝的镜头。为了减少坠入冰裂缝的事故，当地的夏尔巴先遣修路队在每个登山季开始之前，就会上山探路，通过插旗铺绳的方式将避开冰裂缝的路线标注出来。这样大大降低了后面登山队伍的难度。在通过西部冰斗时，我们必须严格按照标注的路线前进，绝对不能偏离，否则真的会有生命危险。

看看冰裂缝有多深

冰裂缝有宽有窄。窄的地方只有一两米，我们大部分人可以一跃而过或者一步跨过去。而宽的地方则有十余米，必须用梯子过。这个梯子非常出名，在无数的影片里和书籍里它都是必须出镜的。这个梯子是铝合金材料的，每个大概 3 米长，30 厘米宽。如果一个冰裂缝是 3 米之内，那么搭一个梯子就正好能过去。如果冰裂缝超过 3 米，那么则需要把两个梯子用绳索绑在一起，再搭在裂缝上。如果是更宽的冰裂缝，则需要连接更多的梯子。我这次过的冰裂缝中，最长的就是十几米，四五个梯子连在一起的。梯子两头都有绳索和冰锥固定在了裂缝两侧的冰面里。我们过梯子时，需要保持平衡，一步看准踩稳在梯子的台阶上，再迈下一步。整个过梯子的过程很像走独木桥，不过难度更大。梯子 30 厘米的宽度也就是刚好放得下两只登山靴的宽度。梯子上每一个台阶之间的距离刚好是我冰爪的长度。所以，我每迈一步，冰爪的前齿和后齿就正好“咬住”梯子的台阶，这帮了我大忙。梯子越长走到中间部位时就会感到上下波动越大，而且那时也正是冰裂缝的中间部位。下意识地往下瞄一眼，深不见底的黑洞好似一张血盆大口等你往下跳，吓得人浑身直打哆嗦。可是，你又不能跑，只能沉住气，冷静地接着一步步往前走。幸亏今天没风。要是有风，我真心不知道这梯子还如何过得去。前后的队友都保持着安静。大家都知道这时侯过梯子的人需要保持一百二十分的专注。任何外界影响都可能造成生命危险。我感觉我过梯子的那一分钟空气都要凝固了。过完了十几米的冰裂缝，仅一分钟而已，但我已经浑身大汗。这不是累的，而是紧张出了一身冷汗。一路上山还有十几个梯子。到返程的时候还要再过一遍所有的梯子。唉，不敢想象啊！

跨越冰裂缝

走着走着，上了一个缓坡，到了顶上，我们突然被一个三十多米高的冰壁拦住了去路。那是一个垂直的冰壁，而且还没法绕过去，只能爬上去才能继续前行。走到冰壁脚下，扬起脑袋往上一看，头有点晕，真高啊！之前训练也没有爬过这么高的冰壁，而且这个冰壁是垂直的。但是没办法，要挑战珠峰，这是必经之路。这里都过不去的话，就赶快打道回府吧！我扣上安全带，检查了冰爪，抡了抡胳膊，深呼吸了一口气，上！整个攀冰过程中，我非常注意动作和节奏，并尽可能地放松心情。我之前没有任何攀冰经验，所以才几米的小冰壁就把我累得一塌糊涂。但经过几次训练后，我掌握了一些要领，现在尽全力按照标准动作来攀冰。简单来说，以前总觉得要用胳膊攀冰，但实际上双腿才是攀冰的主力。而且我之前攀冰的节奏很没有章法，爬几步就停下来大喘气，然后再爬再停。这种混乱的节奏其实是对体力的巨大消耗。这次我很注意这一点，严格按照“一、二、三，登！”的节奏攀爬，绝对不快也不慢。另外就是自己给自己放松心情。攀冰很容易紧张。我的冰爪结实吗？绳索牢靠吗？安全带质量过硬吗？当悬在几十米高的冰壁上时，脑子里会反反复复地飘出这些问题来。如果再一不小心一脚没踩踏实，在冰壁上滑一下，立刻就会浑身冷汗，喘大气，惊魂不定。现在的我就根本不想这些问题，也不向下看，就稳步地专注地向上攀登。一步一个脚印，没过多久就到顶了。虽然还是累得够呛，但我觉得比以前大有进步。以前的我肯定上不来。

通过西部冰斗，前往山脚下的二号营地（海拔6 500米）

翻过了这段大冰壁，就是连续 3 个多小时的缓步上升，几乎可以用上坡走来形容。但过了十几个梯子，翻过大冰壁，一直被强烈的紫外线上下夹击和 30 度的高温“烘烤”着，我已经消耗了不少体力。然后还需要在这 6 200 多米的高海拔持续上坡 3 个多小时也够要命的，这有点像在横跨大沙漠，只不过海拔比沙漠高了好几千米，装备沉了十几斤，氧气稀薄了百分之好几十。一路上陆续不断有登山者一屁股坐在雪地上休息。我不知道为何今天我的状态不错，一反昨天的疲态，居然是全队第二个到达二号营地的人。到了 6 500 米的二号营地后，我的信心也有所提升了。我心想该不会是越往上攀登，我的状态就越好吧？心里美滋滋的。

结语：今天从一号营地攀升到了二号营地。过梯子、攀冰壁，还有高温、日晒，很像在高海拔上横跨沙漠。不过今天状态不错，全队第二个抵达了位于 6 500 米的二号营地。

Day 25

人生中第一次高原反应

2018 年 4 月 29 日

经过了连续两天的高强度攀登，今天是休整日。二号营地海拔 6 500 米，在洛子壁脚下，比一号营地的规模大了许多。六十多年前，早期的登山者把二号营地称为“前进营地”（Advanced Base Camp）。他们认为从这里向上，才是珠峰冲顶阶段攀登的真正开始。1953 年，英国人杭特（John Hunt）也就是在这里指挥英国登山队，最终希拉里和诺盖完成了人类首次登顶珠峰的史诗级壮举。几乎所有登山队都会在这里休整一天，再重新开始征途。我们也不例外。我用这一天好好观察了一下周围的景观和明后天的路线。

二号营地是个缩小版的大本营。除了没有洗澡帐篷以外，各类帐篷都有，只不过无论是数量还是体积都比大本营要少和小。二号营地是正式开始冲顶冲刺阶段的最后真正意义上的休整点。各类物资都比较齐全。三号营地和四号营地的条件都非常恶劣。二号营地也是直升飞机可以飞抵的最高海拔。我们时不时地看到有直升机起降。不过这里只有最小型的救援直升机才能飞得上来。一个机舱里面最多只能坐两个人。一般只有受伤或者生病紧急下撤时才会用得上。二号营地位于珠峰西肩，洛子壁和努子壁的环抱下。抬头一看，左边是珠峰、中间是洛子峰、右边是努子峰，很是巍峨壮美。洛子壁将是我们明天的攀登路线，一个看上去光滑无比的巨大冰面山壁，它直通洛子峰。洛子峰海拔 8 516 米，是世界第四高峰。但跟珠峰一对比，它显得又矮又胖。这世界闻名的洛子壁曾经让多少登山者铩羽而归，甚至命丧黄泉，而我们明天就是要沿着这洛子壁直线向上攀登。我还从来没有尝试过攀登这么高、这么陡的冰壁，不知道会发生什么。这 6 500 米的海拔，已经是我毕生到过的最高海拔了。2017 年 10 月攀登的岛峰也才 6 200 米。

二号营地的清晨

转眼就到了午饭时间。午饭是一份炒火腿肠、一份炒鸡蛋、一份素菜和白米饭，还有一锅汤。能在这 6 500 米吃到这样的饭菜已经相当相当不错了。饭后，大家招呼着打扑克，我正想加入战局时，突然觉得头有点痛。一开始我并没有把它当回事，但慢慢地越来越痛。我想是不是又感冒了？还是昆布咳咳到头痛了？总之它越来越严重，痛到我都打不了扑克了。这种感觉好似有个人拿着榔头和钉子，在我的脑后使劲儿钉钉子。而且钉的频率和我的脉搏一样。我的脉搏跳一下，头就痛一下。现在一分钟大概跳 80 多次，我的头就痛 80 几次。我试着闭目养神，还是痛。我试着躺下，还是痛。我试着侧身靠着，还是痛。我试着双手抱头，还是痛。我还从来没有这么难受过。这到底是怎么了？不会是脑水肿吧？脑水肿可是要致命的！越想越害怕。到了晚上，我吃饭的胃口全无，而且特别难受。就喝了杯奶粉冲的牛奶，吃了几片薯片。我们队没有队医，夏尔巴向导和中国教练就是队医，他们给我的诊断是高原反应。这是我一生中第一次高原反应。这一路上我还挺得意，觉得自己没有高原反应挺厉害。不少人在更低的海拔就已经高原反应得厉害，甚至已经吸上了氧气。没想到这 6 500 米成了我的高原反应的红线。

克服高原反应只有两种办法，要么立即下撤，要么吸氧。但这两种办法都不是我想要的。这才二号营地而已，现在下撤等于提前向珠峰投降了。吸氧也不妥，因为我们每人此次行程只有 6 瓶 4 公斤的氧气瓶。按计划，第一次吸氧是从三号营地开始。如果现在就开始吸氧，很可能造成未来冲顶时氧气不够用，最终导致整个登峰计划流产。氧气在登山过程中是稀缺资源，要省着用，要用在刀刃上。那么怎么办？我给了自己一个比较残酷的办法，强忍着，硬挺过去。说不定明天我的身体就适应这个海拔了呢。我也不知道这个办法能不能奏效，但为了大的登峰计划，我愿意赌一把。这个夜晚成了我在整个珠峰攀登过程中最长的夜晚，因为我头痛得根本无法入睡，通宵未眠。我在帐篷里翻来覆去，昆布咳也依旧顽固，喘气比昨晚更费劲儿。喘气稍微大力点，就迅速变成了更强烈的咳嗽。整个晚上，我做得最多的动作就是看表，希望时间能过得快点，再快点，能早点天亮，早点上洛子壁，让这个该死的夜晚早点过去。

结语：今天在二号营地休整。我人生中第一次感受到了高原反应。头痛得要命。翻来覆去，彻夜未眠。咳嗽严重。

Day 26

放弃不丢人

2018 年 4 月 30 日

今天的计划是从二号营地拉练攀登到三号营地，并在三号营地过夜。昨天晚上由于高原反应严重，我彻夜未眠，但总算熬到天微微亮了，还不到 5 点我就钻出帐篷了。我是全队第一个起床的，甚至比伙房的夏尔巴起得还早。拉伸、热身、吃早餐，清晨 8 点，我们便出发了。三号营地海拔 7 300 米，位处洛子壁的中间部位。从二号营地出发一个半小时后，可以到达洛子壁的脚下，然后便是平均坡度为 70 度的 600 多米冰壁攀登。而世界闻名的美国第一高楼——世界贸易中心也才不过 541 米。就算是在平原地区上接近 70 度的台阶也可以称谓高难度陡坡了。更何况这里是 6 700 米左右的海拔，也并不是台阶，而是光溜溜的冰壁，还有 600 多米的垂直海拔上升。洛子壁是与昆布冰川齐名的珠峰南坡攀登的两大天险之一，但又是必经之路。要想有机会挑战珠峰，必须过洛子壁这一关。洛子壁也是每部关于珠峰的电影或者书籍里面重点突出的环节。可想而知它的险！

从二号营地一出发，我们便穿上了冰爪。6 500 多米已经全都是冰雪覆盖了。我接着走了一段缓缓上升的路段，难度不高，但头痛依旧。大概一个半小时后，我们便到了著名的洛子壁脚下。抬头一看，比我想象的还要高、还要陡，而且光滑得像面镜子。刺眼的阳光混合着反射的阳光，隔着登山雪镜都把我照得有点目眩，头更痛了。在这看不见顶的大冰壁上有两根小拇指那么粗的路绳。它们之间相隔 5 米左右。一个是攀登路绳，另一个是下降路绳。我们的生命安全就都挂在这根绳子上了，真正的命悬一线。偏偏在这个时候，突然下起了雪。温度也随着阳光的消失而骤降。一下子把已经看似艰巨的任务变得更加让人害怕。我们队一共七个人，其中三位决定今天就不登洛子壁了，当场折返回二号营地。我吃了几口奶酪、几颗杏干，喝了几口热水后，上！

沿着路绳攀冰我是训练过的。但无论是之前在国内四姑娘山的训练，还是在珠峰大本营的训练，也就是最多上升 20~30 米。2018 年 10 月份在岛峰的冲顶阶段攀冰也就 300 多米，而且海拔比这里低了接近 1 000 米，然后我用尽了全身最后一丝力气才登顶成功。今天面对这世界天险洛子壁，我心里确实没谱，但绝对不能退缩。每多上一步就会创造我人生中新的最高海拔记录，也是对我自己攀登更高更险山峰的挑战。自古珠峰南坡一条路，只能放手一搏！踏上冰，握好上升器，双腿用力向上蹬，上身直挺，右手往上推，站稳，喘口气。再向上踏一步，握好上升器，双腿用力向上蹬，上身直挺，右手往上推，站稳，喘口气。如此循环，我按照自己可承受的频率向上攀登。前 200 米，我觉得我发挥得还是不错的。一直在全队处于第二的位置。要知道另外三位队友都是登过许多高山的高手。运动量大，加上太阳一直毫无遮拦地暴晒，我已经浑身大汗，但是又不敢把羽绒服脱下来，也确实不方便脱，所以就只好来开上身和腿部的拉链，忍着这种难受接着向上。可是说时迟，那是快，忽然间就起雾了，而且这个雾是浓到只有 10 米左右的能见度。一下子气温也降下来了。于是，我立刻拉上所有拉链，戴好手套。这种时而干热时而冰寒的、反复无常的、毫无征兆的天气变化真是无法预防，只能硬抗，这也是洛子壁攀登的难点之一。

前 200 米，我一直与位处首位的罗哥相差十来米，这也是攀登过程中，两名登山者之间应该保持的安全缓冲距离。罗哥不是像我这样的登山菜鸟。相反，他是全队登山经验最丰富、体力最充沛、速度最快的。一路上，无论是过昆布冰川，还是到二号营地，他都领先了其他队友一大截。来珠峰前，他成功登顶过海拔 8 156 米的马纳斯鲁峰。今天攀登洛子壁也不例外，他依旧是全队第一个。我是争取能够跟上他的速度，从未想过有追上的可能。头 200 米，我跟得还行，但再往上，我是越登越慢，但罗哥的速度似乎没有放缓。我们之间的距离一点点拉大。一会儿，飘起一片浓雾，罗哥就彻底从我的视线里消失了。上看没有目标点，下望深不见底。全部性命就挂在这一根细细的绳子上。这个时候想不害怕都难。但已经都到这里了，想那么多也没用，接着向上！

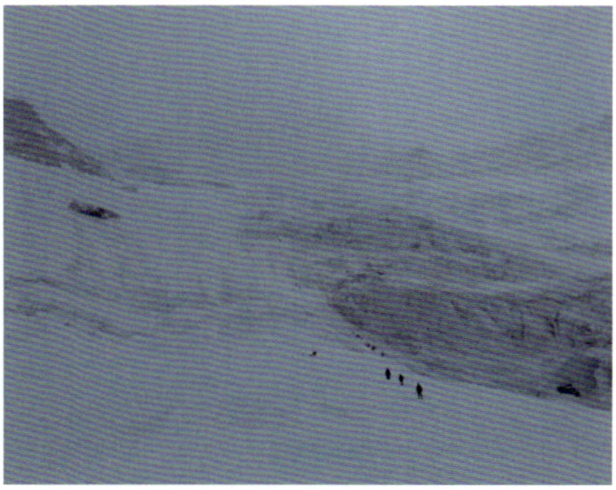

这就是洛子壁，看得清楚上面的人吗？

就这么一会儿热，一会儿冷，一会儿看得真切，一会儿丧失能见度，也不知过了多久，我的脚步越来越慢，越来越沉。而且，每向上登一步，都要停下来喘好几口大气才能接着向上再登第二步。累得我连抬头向上看都觉得费劲。这时候，前面的罗哥已经没了身影。再接着向上登，我的脚沉得都快抬不起来了，而且呼吸越来越困难。但三号营地还丝毫不见踪影，只有看不见顶的冰壁。这个洛子壁好像永远走不完。然后又不知道登了多久，我居然开始睡着了。这是一个很奇特的、我从未体验过的经历。每登出一步，我会喘好几口大气，但喘着喘着我居然合上眼睛睡着了！可是睡了也许就两三秒，我又醒了，接着登出下一步。然后每一步都如此。当时我的意识很清醒，知道自己是睡着了，然后又醒了。估计是疲劳和缺氧双重原因所造成的现象。但也有一个好处，那就是我忽略头痛了。

又接着走了一阵儿，我的速度更慢了，简直可以用爬行来形容。多次想放弃了，但我依旧凭着意志力一步一步往上挪。心想，这连三号营地的影子都还没看到呢，怎么去挑战珠峰啊？！就在这时，一排小黄点出现在了不远的上方。我意识到那就是三号营地，终于快到了！可是我的身体已经不听我使唤了，一屁股坐在了雪地上，再也起不来了。那些小黄点离我大概还有 100 多米，也就是说我现在所处的海拔大概是 7 200 米左右。我看着它们，特别想站起来，登过去，但我实在是太累了，根本站不起来了。坐在 70 度的冰壁上也很危险，随时有滑下去的可能。

我转过身来，蹲下身，膝盖靠胸口，背靠冰壁，大口大口地喘着粗气，又似乎永远喘不够。这最后100多米怎么办？我纠结了大概10分钟之久，最后决定不上了，下撤。

能放弃费了九牛二虎之力后近在眼前的目标是相当可惜的，也需要相当大的勇气和决心。但是，当时我已经相当疲劳，而且开始有睡着状态（后来才得知这种状态如果在更高海拔过夜，有可能引起夜间失温而导致死亡），再加上在二号营地就已经有很严重的高原反应——剧烈头痛，就算最后上到了三号营地，那一晚上肯定非常难熬，甚至有危险。我考虑再三，尽管很可惜，但下撤应该是正确的选择。有的时候，该放弃的就要放弃。下山的时候，我已经体力耗尽，举步维艰。给我带路的夏尔巴向导看到我已经体力不支，他出了个主意，把我连在他的身后，两个人用一根绳索下降下山。我没听说过这种下山方式，更没试过。但现在的身体状况已经由不得我选了。要是再犹豫一会儿，身体状况只会更差。在这么高的海拔多留一分钟，身体就会多消耗一分。他用绳子把我的安全带前端和他的安全带后端锁在了一起，然后他的安全带前端锁在了路绳上，缓缓地开始放绳子，下降。我的性命现在完全掌握在他的手里，这种感觉真叫人提心吊胆。

在下降的过程中，我们遇到了还在往上攀登的吴哥和东哥。当时他们距离三号营地至少还有一个半个小时的距离。我真不知道他们能否上得去（后来他们成功到达三号营地，而且还过了一夜）。当他们问我还有多远的时候，我脑子里清清楚楚地想说一个半小时，但嘴里说了好几次却怎么也说不清楚。说到后面，我们互相都笑起来了。他听不明白，看着我“表演”。我说不清楚，也觉得自己好笑。估计这也是缺氧的表现吧。上山攀登了6个多小时，下山用了3个多小时（其中有一半是向导“拖着”我下的），一共10个小时，而且还没能抵达三号营地，更没有过夜，也就没有完成此次拉练的任务。这一天应该是目前此次挑战珠峰之行最累最辛苦的一天，结果也是最让我失望的一天。拉练不成功，对我的信心是有打击的。我对珠穆朗玛峰更加敬畏了。

下午 4 点过，好不容易终于回到二号营地，但我连进帐篷力气都没了，就坐在了帐篷外的大石头上面，久久不愿起身，实在是太累了。在帐外石头上喝了一杯热葡萄果珍，但喝着喝着几乎拿着杯子就睡着了。晚饭也没吃，拼尽了全身最后一点力气把自己挪进了帐篷。这时累得连脱登山靴和羽绒服都成了艰巨的任务。然后，钻进睡袋就倒下了，连睡袋拉练都没力气拉了，瞬间就睡着了。

结语：今天首次尝试攀登珠峰两大天险之一的洛子壁。要攀登 600 多米高的平均 70 度的大冰壁，这是我人生目前最极限的挑战了。攀登了近 6 个小时，看到了三号营地，但在离其还有 100 米的距离时，已经完全筋疲力尽，最终铩羽下撤，没有完成此次拉练的任务。

Day 27

在海拔 6 500 米发烧了

2018 年 5 月 1 日

下一次醒来，是被边巴（我的夏尔巴向导）叫醒的。外面天色也黑，他问我要不要吃点东西。但我除了想睡觉还是想睡觉，完全没有食欲。可他一摸我额头，觉得不对劲儿。出去了一会儿后，找来体温计，一测，38.5 摄氏度！我在 6 500 米发烧了！惨了！在平原发烧还要打针、吃药，休养两三天。我在这 6 500 米天寒地冻的珠峰二号营地可怎么办啊？这时候，边巴对我说："Lawrence, 你先歇着，我一会儿搬到你的帐篷，晚上照顾你。" 啊？什么？搬进我的帐篷？你不怕被传染吗？你自己也累得够呛，不想好好休息吗？除了发烧，我咳嗽也很严重，你不可能睡好啊！不等我回过神来，边巴不仅把睡袋搬进来了，还带了三件东西：氧气瓶，暖壶和一碗热腾腾的番茄汤。他先是一口一口地喂我喝完了番茄汤，然后给我吃了一片药，接着帮我把氧气面罩戴上，最后扶我躺下，并且把硬硬的书包换成了羽绒服作为枕头。你别说，虽然没有食欲，但是硬是逼着自己喝下一碗热乎乎的番茄汤后，我开始出汗，而且感觉有点儿精神了。整个晚上，我口渴时，他帮我倒开水；我咳嗽时，他帮我调整氧气面罩；我要小便时，他帮我找夜壶；我要是冷了，他帮我在睡袋外再加盖上羽绒服。

下午 5 点入睡，早上 5 点才醒来。不过今天凌晨 5 点的我和昨天凌晨 5 点的我，就像换了个人似的，重生了！ 我转过头一看边巴，他已经在看着我，第一句话就是："Lawrence, 你感觉如何？" 我的第一句话是："幸亏有你在身边，我感觉活过来了。”边巴笑了笑，立刻起身收拾他的睡袋，然后给我准备热茶去了。22岁的边巴是我的夏尔巴登山向导，他的任务是带我登山。他完全没有任何义务陪护我一整宿，特别是在有被我传染的真实风险下。没有他无微不至的照顾，很难说我第二天会是什么状况。我不知道各位在国内或者国外发烧或生病时，你当时得到了什么样的照顾，但像边巴这样奋不顾身地细致入微的照顾，我是头一回体验到，也深深地被感动了！现在想来都是发自内心的感激！

复活后的我和边巴

反思我自己从事的金融和科技行业，如果我们服务客户的态度有如夏尔巴人服务登山者一般，那么我们绝对可以做成金融科技界夏尔巴，口碑在金融科技界响当当！妥妥的！（甚至想请边巴当我们的形象大使：实力强，态度好，为人靠得住，绝对以客户为中心。）

试用 S5 夜拍

等下到 5 400 米的大本营后，我送给了边巴一只全新的红色联想 S5 手机。他喜出望外，一开始还不愿意接受，但后来得知这是很可能是尼泊尔全国唯一的一支联想 S5 后，他很珍惜地收下了。他身边其他的夏尔巴们都争先恐后地抢着一睹 S5 的“尊容”。第一句话就是 S5 比其他电话颜值高多了！

今天早上，我们的原计划是等着昨天在三号营地过夜的三位队友下撤到二号营地，然后再一起下撤到大本营，结束此次拉练。但快等到 10 点了也没见他们的踪影，而且再等下去的话天气会开始转坏，我们通过昆布冰川时会有危险。所以，我们几个已经在二号营地的人就先行下撤了。在登山途中，根据最新的状况来灵活调整计划是必备的素质。从二号营地下撤到一号营地，我们的速度非常快，居然只花了一个多小时就到了。一路下坡也不累。然后，从一号营地通过昆布冰川那段路却花了接近 4 个小时。向上攀爬昆布冰川和下撤通过昆布冰川是完全不一样的两种挑战，都很危险，丝毫大意不得。而且，我们下撤的路线已经不是 5 天前我们上山的路线了。到大本营时，已经是下午 3 点过了。留守在大本营的夏尔巴协作们给了我们一个大大的拥抱，好似迎接凯旋的战士！又等了近两个小时，昨天在三号营地过夜的三位才抵达大本营。他们更是累得筋疲力尽，憔悴的面容像是好几天没睡觉。我冲上去给了他们每个人一个熊抱！他们去到了我没能去成的地方。同一任务，我最终放弃了，他们最终坚持完成，而且他们年纪平均比我大 14~15 岁。不得不佩服！了不起！

结语：今天凌晨发高烧。幸亏有边巴入微的通宵照顾，我才好了过来。否则真的生死未卜。感谢边巴！今天晚饭前，所有队友都安全下撤回到了大本营。本次拉练正式结束。

Day 28

听闻奶奶去世的噩耗

2018年5月2日

今天发生了一件事，让我完全没有心情干任何事情，并且让我悲痛欲绝。就在我拉练下山的前一天，我奶奶去世了。离开大本营后，连续五天完全没有Wi-Fi信号。没想到一回到大本营，刚刚连上Wi-Fi，竟然收到奶奶去世的噩耗。我心里真的是五味陈杂，难以言喻。尽管在出发前往尼泊尔前，我已经有心理准备，但当它真的发生时，心里还是非常震撼，有些不知所措。

奶奶和我的关系比一般的祖孙要亲密得多。自从父母离婚后，我就和爷爷奶奶住在一起。我是家里的四代单传，所以爷爷奶奶对我也是格外爱护。但他们的爱护绝对不是溺爱。正相反，爷爷奶奶对我的爱是言传身教地教导。比如说，我要是起床不叠好被子就不能吃早饭。头发不梳好，衣冠不整洁，皮鞋不擦亮，就绝对不让我出门。叠任何衣服一定要像对待新衣服一样叠得规规矩矩的。衣柜里的衣物也要按衣服、裤子、冬装、夏衫规规矩矩地分开放。用完了什么东西一定要放回原位。见了邻居一定要问好。做错事一定要说对不起。别人帮了忙一定要说谢谢。要有好吃的一定要和身边的小朋友们分享，绝对不能吃独食。在餐桌上，大人不动筷子，小孩绝对不能先吃。饭菜的味道不重要，营养和卫生才重要。绝对不能浪费粮食，饭碗里剩几粒米，以后的老婆脸上就有几个麻子。零花钱一定要尽量省着花。永远要有隔夜粮和隔夜衣，因为天总会有不测风云的时候……这样的例子我还能举很多很多，而且这些教导是终身受用的。我也会传给我未来的孩子们。

后来爷爷先去世了，接着我出国留学了。于是，奶奶就来到深圳和我爸爸住在一起了。我回国这几年也是没事就往深圳跑，看望她老人家。开始几年，奶奶的身体还挺不错的，还参加“夕阳团”出国旅游呢，我们也时不时一起散步。前两年，奶奶开始要用轮椅推了，而且上厕所需要人搀扶了。过去一年，奶奶老得特别快，好像一下子就大不如前了。给我的感觉甚至是一天不如一天。以前还坐在椅子上看看电视，现在连坐着的力气都没有了，几乎都是躺着。以前每次接电话声音听着一点都不像80多岁的人，但现在她几乎不接电话了，或者是接不动电话了。上厕所的频率几乎是每5分钟就要用一次，无论白天还是晚上。这样陪护人员也得24小时盯着。除了爸爸和我，过去一两年我们请过20多个保姆。她们谁也干不了几个月，有的甚至几天就走了。照顾老人确实很累。而且老人看见人家嫌弃照顾她，她自己心里也肯定不好受。尽管身体每况愈下，但奶奶的意识一直都很清醒。其实这样对奶奶来说更残酷、更折磨，说不定糊涂点还能好过些。

爸爸给我详细地描述了奶奶去世的情景后，我释然了许多。去世头一天晚上，爸爸陪奶奶吃完饭，奶奶让爸爸早点回去休息。当时的奶奶看着一切正常，第二天早上安然离世。就这么平静，这么无声息地离开了。没有惊动任何人，也没有受任何罪。奶奶安详地去了天国，走完了她89年的一生。出生于1929年的她，少年时随太姥爷一家勇闯关东，经营沈阳城里有名的绸缎庄；日本人入侵后，随我爷爷回到北京，相夫教子；中华人民共和国成立后，参加工作，被调到四川去支援三线建设，并在成都历经“文化大革命”；改革开放不久后，被父亲接到深圳常住，直至离世。奶奶的一生可谓是见惯了兴衰，跑遍了南北。要说遗憾，可能就是我未能在她离开前结婚，让她看看孙媳妇什么样吧。待孙儿有媳妇那天，带着媳妇一起来看望您！

得知奶奶离世的消息，我心里的第一个念头就是“是不是应该立刻中断登山活动，回国参加奶奶的追悼会？”正当我还在琢磨呢，爸爸给我发来微信，告诉我奶奶的追悼会和其他后事有他来操办，要我一定安心登山，不能分神，并附上了一首鼓舞我士气的诗。

艰苦环境可对抗，自然规律比天刚。人定胜天荒唐事，张弛有度度思量。

慈母安详升天去，珠峰攀登路敞亮。贵人启示茅塞开，强民指点阴霾光。

我想奶奶也一定不想看到我挑战珠峰半途而废。最好的告慰奶奶在天之灵的方式就是成功登顶世界之巅。那里离天国最近，也是最好的告慰奶奶的地方。

望着珠峰南坡全景，遥寄我心中对奶奶的思念

结语：今天得知奶奶刚刚去世，我心里很是难受。一度想中断登山，回国参加追悼会。但父亲来微信告诉我要定下心来登山，不要有后顾之忧。确实，我想最好的告慰奶奶的方式就是登顶成功。

Day 29

乘直升机下到南切休整

2018年5月3日

拉练结束后，我们将下降到更低海拔的地区进行体能恢复休整。在未来的7~10天里，我们没有安排任何训练，唯一的任务就是吃好、睡好，养精蓄锐，准备在重返大本营后以最好的状态去冲顶珠峰。在连续28天的高海拔的地区徒步、攀冰、拉练后，所有人的体能已经消耗了不少。在如此高海拔地区，就算每天坐着不动，都会消耗身体，更别说我们还一直保持着相当的运动量。最明显的现象就是每个人都看得出来瘦了。我没有去刻意称体重，但裤子大了是显而易见的。这个时候如果不休整，而是继续尝试往上攀登，那真是强弩之末。有些人会觉得费了这么大的劲儿才好不容易到了这个高度，现在却要下撤，然后还要再一次上来，实在是太折腾，还不如就在大本营歇几天呢。可是，实际上就算是在大本营待着不动也是一种消耗。人体在海拔5 000米以下才有可能吸收营养和增强体力。用通俗的语言说就是，要在低海拔地区休养一段时间，再上山冲顶。

我们有两个地方可以进行休整。第一个地方是海拔4 300多米的庞波切。第二个地方是海拔3 400多米的南切。庞波切离我们更近，下撤更省力省时，同时不用额外花钱，团费里包括了在庞波切的吃住。但它最多算是个小村庄，连小镇都算不上，而且4 300米的海拔也不低。南切离我们更远，下撤和未来返回大本营的时间都会更长，同时团费里面并没有包括南切的吃住。但南切可算是尼泊尔喜马拉雅山区的大城镇，吃喝商店什么都有，而且海拔才3 400米，跟拉萨差不多。大家讨论一番后，最终决定还是以能最好地调整状态为目的，选择去南切休整，尽管还要多花钱。

下撤方式也有两种可以选择。一种是传统的徒步下到南切，全程要两天时间。

另一种是乘直升机下撤，只需要 20 分钟。不过乘直升机可真是价钱不菲。我们平摊了一下，每人还要 400 美元之巨！要知道 2 500 元人民币可以买从深圳到北京的往返机票了！但没办法，物以稀为贵，谁让我们在这珠峰大本营要坐飞机呢。这时候大家都体力消耗巨大，谁都不想再徒步两天下山。交这 400 美元就算是给自己买了补品吧。可是这直升机也是靠天吃饭。没有云雾就飞，一有云雾就停。而大本营附近又经常起雾，所以直升机几乎就没有准点过。大伙背着行囊在停机坪干等着，那也是一种风吹日晒的煎熬啊。一等就是 1~2 小时，还不敢回帐篷。因为有可能你刚回到帐篷，屁股还没坐热呢，直升机就到了。你要是错过了一班，那下一班可就不知道什么时候再上来了。

好容易，我们 5 个人挤上了一架直升机。各自抱着行囊，充分地利用了机舱内所有空间。直升机一路沿着峡谷飞行，两侧都是各种 7 000~8 000 米的大雪山，可惜我都叫不出名字来，惭愧。几分钟后，我们飞出了山谷，外面的山也逐渐有了绿色。我迅速地认出了这就是我们前往大本营的徒步路线。罗布切、庞波切、丁波切、天波切，一个个我们之前经过的小村庄都露了出来。从直升机上看，它们之间是那么近啊！徒步时可真感觉像是走个没完。想到这儿，自己不禁乐了起来。很快直升机便抵达了南切。我们徒步 5 天才到达的路程，乘直升机仅仅 20 分钟便到了。现代科技真是了不起！打开机舱门的第一个感觉就是，热！我们身上还穿着大本营的标准装束——羽绒服呢！而这里比大本营低了 2 000 米，俨然就是夏天，周围还有人穿着短裤。这么一看，我还真有点不习惯。好像 20 分钟内我们穿梭了两个季节。我也迫不及待地脱下了羽绒服，凉快凉快。另一个很明显的反应就是氧气足。我在大本营经常上不来气，而且呼吸着呼吸着就昆布咳了，一咳就是半天，咳得停不下来。虽然现在还在咳嗽，但我就明显感到呼吸顺畅多了。这两个立竿见影的现象让我突然对未来 7~10 天的休整憧憬起来。起码可以睡睡安稳觉，洗洗热水澡了。

结语：今天乘直升机下撤到了南切，400 美元一个人，飞了 20 分钟。我们将在南切进行为期 7~10 天的低海拔地区休整。为重返大本营冲顶珠峰做准备。

Day 30

“赤脚大夫”治我的昆布咳

2018年5月4日

按理说到了低海拔地区，所有的高原病就应该随之消失，至少减弱。不过这个常规现象在我身上似乎没那么灵验。昨天算是多天里头一回睡在了床上，而且温度比大本营高了十几度，我睡得踏实多了。但早上醒来后，我依旧咳嗽得挺厉害的。从罗布切算起，到现在我已经连续咳嗽十几天了，而且不见任何好转。再这么咳嗽下去，我怕真的会发展成更加严重的病，比如说“著名”的肺水肿。肺水肿是最常见的高原病之一，而且主要诱发的病因就是在高海拔地区持续性的咳嗽。严重时，体液会倒灌入肺部。如果不及时治疗，当肺部灌满积液时，人会窒息而亡。换句话说，自己被自己的体液淹死了。我越想越怕，觉得登不登珠峰都是次要的了，性命悠关，绝对怠慢不得。

南切只有1 000多居民，如果在我们国家充其量也就是个村庄。但是在尼泊尔喜马拉雅山区，南切是当之无愧的重镇。400多年前，为了寻求更好的生活，藏族人翻山越岭，来到了喜马拉雅山的南侧。他们其中相当一部分人就在今天的南切落脚了。经历了许多代人的生息耕作，南切演变成了今天的样子。它的海拔与拉萨相似，处于两山环抱的U形凹处，周围全是针叶林。在高海拔地区，5月初才算入春，南切是一片绿油油，煞是春意盎然。而且植被繁茂还使得它成为一个天然的氧吧。它的地理位置也相当重要，属于登山路程中承上启下的中枢位置。过了南切再往上就没有商店、没有银行、没有学校、没有医院了。这里是补给线的最后一站。在中国，我从来没想过会在山区的村庄医院看病，就更别说在尼泊尔了。但我现在咳嗽得很严重，看样子不去也得去一趟了。现在不趁着有医院去治疗一下，到再出发时还没好的话，耽误了冲顶大计，那就损失大了！

我出了客栈，向上步行了 10 分钟，便到了南切医院。所谓的医院，实际上就是一个诊所。一栋两层小楼，外观很别致、很新，周围打扫得很干净，让人看了愿意往里面进。有些乡村医院外面脏兮兮的，看着就不想进去。走进大门，先是一个换鞋的厅。为了保持室内的卫生，所有人都必须脱了鞋，换上拖鞋才能入内。进去以后，已经有 5~6 人在排队等候医生。没有人争先恐后，也没有人大声喧哗，更没有人抽烟，连打喷嚏都是捂着嘴的。让我不得不对尼泊尔山区人的素质点赞！在等候区域的正中间，供奉着一副唐卡。这幅唐卡刻画着一位绿脸的神仙。一问才得知，这位就是藏传佛教里的药神。希望药神能保佑我早日康复！

南切的诊所

诊所大堂

大概 10 分钟后，轮到我进诊室见大夫了。我完全不知道该期待一位什么样的尼泊尔山区大夫。是江湖郎中吗？是夏尔巴传统疗法吗？语言上能沟通吗？谁知坐在桌前的年轻人便是大夫。他貌似 30 岁左右，瘦瘦的，不仅没穿我们熟悉的白大褂，甚至连袜子都没穿，就穿着普通的牛仔裤、衬衫、拖鞋。要不是坐在诊所里面，我还以为他也是个病人呢。但他给我检查起来倒是不含糊。测体温、看舌苔、量血压、听呼吸后，他仔细地询问了我咳嗽症状的前前后后。最后，他给我的诊断是典型的昆布咳，没有其他毛病。而且，他耐心地告诉我这个病他见过很多很多起了，属于珠峰常见病。这下我就放心了，未来几天精心养病就是。他给我开的药有通鼻的、有消炎的、有止咳的、有治感冒的，满满当当一大包，光看这么多药，不知情的人还以为我是重病呢！不过，这些药的价格不菲，一共花了我 700 多人民币，整个诊断过程花了 15 分钟左右，尼泊尔山区的医疗体验还挺不错！

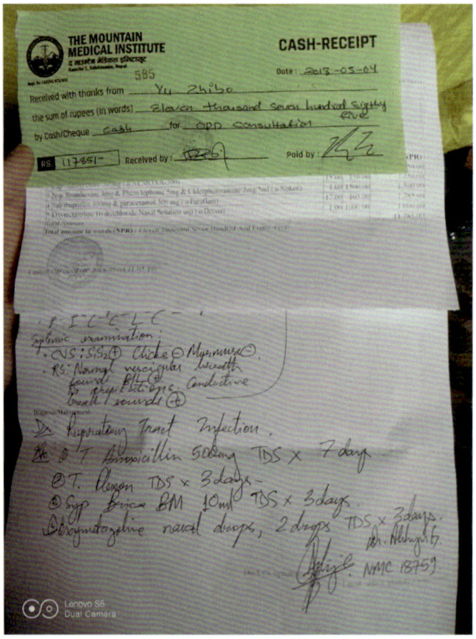

诊断书和账单，一共 700 多人民币

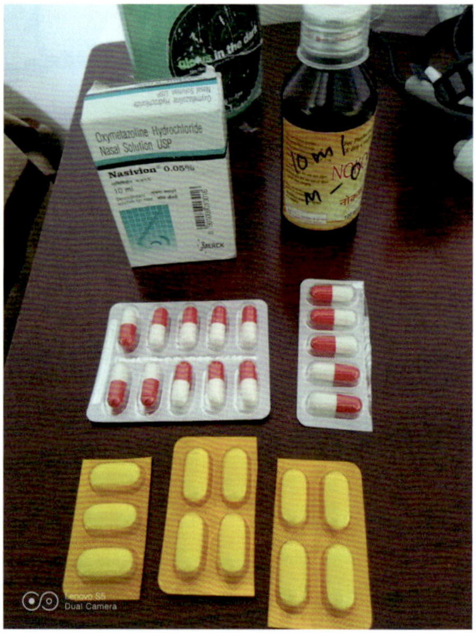

要吃一周的药

不仅是诊所卫生，病人素质高，大夫态度好，诊室里面的设施和仪器也很齐全。整个诊室的室内设计和装修非常美式，医疗仪器也全部都是美国的，就连垃圾桶里面的黄色垃圾袋也是美国的。如果不是为我诊治的是尼泊尔大夫，我还以为我在一家美国诊所呢！整个诊所外观尼式，内部美式，可谓是尼美结合。一个小小的山区乡村诊所可真是没少花心思。但我当时也挺好奇这么个小地方哪儿来的“重金”进口美国原装设备。一问才知道，这些全都是美国民间慈善组织无条件捐赠的。就在这个时候，外面突然人声鼎沸，门口一下子涌进来五六个人，将一位躺在担架上的病人不由分说地放在了病床上。大夫和他们交流了几句，回头给我说，这位先生煤气中毒了，要抢救，他们今天的诊断只能到此为止。原来整个诊所就他一个医生，大大小小所有病人都由他一个人来处理，而且门口总有人在排着队。村子小，他干得好，乡里乡亲都夸他；要是干得不好，村里人也都知道。这个舆论监督力度估计比尼泊尔国家领导人还大。真是个辛苦活儿啊！

回到客栈后，我按照医嘱，一一服药，没几分钟就睡着了，连衣服都没劲儿脱。这一觉一直睡到了夜里。我醒来后吃了药，然后又接着睡，似乎根本睡不够。晚饭也没吃。肚子饿了就干吃了几口当地买的麦片和几块从国内带来的萨其马。

结语：保险起见，今天我了去南切村里的诊所，也是整个山区唯一的诊所看了病。大夫给我的诊断就是典型的昆布咳，并没有其他问题。这下我放心了。按照医嘱吃药，精心养病。乡村诊所的条件和大夫的态度都出乎我意料的好。

Day 31

淘书，看 NBA，品夏尔巴餐

2018 年 5 月 5 日

昨天服了药后昏睡了一宿，直到今天上午 8 点过才起床。虽然还有些咳嗽，但整个人确实感觉精神了许多。过去近 30 天都没能舒坦地睡觉，昨天这一觉可谓是久违了。起来后第一件事便是洗澡。从上次在大本营洗澡到现在又是七八天了，特别是经过为期 5 天的攀登到三号营地的拉练，几乎天天是浑身大汗，但又不可能洗澡。现在自己都觉得身上有馊味儿。这家客栈用的是太阳能热水器。今天是个大晴天。水温似乎是跟着阳光的大小来的。水是出乎意料的热，甚至可以用烫来形容。在山区里洗个澡，不是冷就是烫，真是有意思。不过能洗个“烫水澡”也很舒服了。这一澡算是让我彻底回过神来了。

今天整体来说是轻松的一天。海拔不算高，没有拉练安排，天气也特别好。我就去小镇里转了转。我有一个爱好，那就是逛书店，或者叫淘书。在南切有许多家登山用品商店，但同时也是书店。几乎每家大大小小的商店里都有一个专门的图书区域。这对我来说真是像小孩儿掉在了蜜罐里。不过我发现一个特点，那就是它们卖的书大部分是一样的。所以一个上午我就几乎把它们都逛遍了。仔细挑选和对比后，我也有所斩获，由著名的美国登山家埃德·维耶斯图尔斯（Ed Viesturs）写的 *The Will to Climb*。维耶斯图尔斯光辉的登山生涯我就不在这里废话了。我曾经读过这位美国历史上首位登顶世界全部 14 座 8 000 米以上的顶级山峰的登山家的首部作品 *No Shortcut to the Top*，很是受其鼓舞，而且也学到不少实实在在的登山知识，同时此书的用词通俗易懂、风趣幽默，阅读起来很是痛快。我自己经常会看着看着就哈哈笑起来。所以这次能读到维耶斯图尔斯的第二本书，也是我非常期待的又一份阅读大餐。

淘书有所斩获，那么就得找个配得上此书的地方读了。南切的另一大特点就是有很多咖啡馆。受西方文化影响大半个世纪，南切的咖啡馆里的咖啡可真不错，再加上些尼泊尔特色的装饰，真的是尼西的完美结合。我最后挑中了一家叫 Café Brias 的咖啡餐厅。它离客栈很近，下个坡，五六分钟就到了。他们家的 Wi-Fi 信号免费提供给客人用，而且信号特别强。不过最终决定我选择他们家的原因是他们有一个大电视转播 NBA 季后赛！五月正好是 NBA 季后赛如火如荼的时候。可在这大山里别说看电视转播，就连 Wi-Fi 都时有时无。对于我这个篮球迷来说，看不成季后赛可真算是登山对我的一种折磨。今天路过这家店时，我无意往里瞄了一眼，居然是火箭队对爵士队的比赛。我立刻就走不动路了。从此，这家咖啡店就成了我未来几天的主要出没地点。上午边工作边看看 NBA，中午与队友们和来自世界各地的登山队员们聊聊天、听听故事，下午阅读。这一天过得非常轻松、愉快、有收获。

晚上我和另外两个队友一起请我们的几位夏尔巴协作吃饭。他们挑了一家非常地道的夏尔巴菜餐厅。我们几个中国人也挺期待去试试正宗的夏尔巴菜是什么味道。餐厅的内部装修很像藏式餐厅。很多图案和摆设在我看来和西藏是一模一样的。当期待已久的大菜上桌时，我仔细看了看。一共三样菜，同时上的，一张土豆烙饼，一盘白面花卷，一碗蔬菜汤。土豆烙饼上涂满黄油，然后像切蛋糕一样切成一块块地吃。花卷沾着番茄酱吃。吃烙饼和花卷时就着蔬菜汤。这就是正宗的夏尔巴餐了。头一回这么吃烙饼涂黄油，头一回用花卷沾番茄酱，感觉挺新鲜的，但我估计吃一次就差不多了。相比夏尔巴人，甚至整个尼泊尔，中国在吃上下的功夫可真是无敌得一塌糊涂。

花卷蘸番茄酱和蔬菜汤

涂满黄油的烙土豆饼

我们的夏尔巴协作拉杰斯
在教我们正规的烙土豆饼吃法

结语：昨晚吃过药后，今天一觉醒来感觉身体状况好多了。今天没有训练安排，我去淘了本好书，并且找到了能看 NBA 的咖啡厅。轻松，愉快，有收获的一天。

Day 32

世外桃源——腾真诺尔盖的家乡

2018年5月6日

腾真乃英雄，首登第一峰。阿帕称豪杰，久居记录顶。

前辈道路拓，后人砥砺行。欲成大圣事，老君炉火中。

—— 于星垣

今天是下山来到南切休整的第五天。前几天我觉得人懒懒的，不想动，就想歇着。但尽管还是有些咳嗽，我今天已经开始有些坐不住了，想去出出汗，活动活动。在和另外几位队友商量后，我们一致同意去附近的塔美村看看。塔美村距离南切大概2小时山路。来回4个小时，是个很理想的活动筋骨的去处。而这个仅两三百人的小小山村可真是来头不小，而且其在尼泊尔的地位举足轻重。大名鼎鼎的藤真诺尔盖和阿帕夏尔巴都来自于塔美村。

任何关注珠峰攀登的人都不会不知道藤真诺尔盖。他出生于西藏，幼年随家人翻山越岭来到今天的塔美村，并成长于此。后来，他移居到今天印度的大吉岭。拥有印度和尼泊尔双重国籍的藤真，在1952年协助瑞士登山队到达8 600米的珠穆朗玛南峰。虽然登顶珠峰未果，但已经创造了当时的人类最高海拔记录。次年，也就是1953年，藤真协助英国登山队，历经艰辛，最终于5月29日成功登顶珠穆朗玛峰。他也成为人类历史上的首位登顶者。从此，藤真诺尔盖名声大噪，多次出国授勋和领奖。他俨然成了夏尔巴民族的英雄和尼泊尔的国家形象大使。可以很负责地说，没有藤真诺尔盖首次登顶珠峰的英雄事迹，整个夏尔巴民族根本就不为人知，尼泊尔国国际地位也不高。藤真诺尔盖对夏尔巴民族和尼泊尔的影响到今天依旧深远。尼泊尔自己国家的户外服装品牌就叫夏尔巴牌。在山区很受欢迎的一种能量饮料就叫藤真牌。藤真诺尔盖当年登顶的照片那更是有如关帝一般，被几乎每个店家悬挂在明显的位置。因为他们发自内心地为藤真的壮举感到骄傲。

在登山圈与藤真诺尔盖齐名的另一位英雄式人物便是阿帕夏尔巴。阿帕的名气比起藤真来要小很多，但在我看来他的成就却一点不比藤真小。阿帕登顶过 21 次珠穆朗玛峰。21 次！登顶珠峰次数最多的世界记录保持者（后来被卡米夏尔巴打破）。珠峰每年只有 5 月是登顶窗口期，其他时间都由于自然条件恶劣而无法攀登。人的体力在每年的窗口期最多尝试攀登一次珠峰。也就是说阿帕的 21 次世界记录是经过至少 21 年的坚持才取得的成就！登山者都知道，不是每次登山都能登顶的。更别说是攀登世界之巅。所以，我几乎可以断定阿帕的 21 次登顶用了超过 21 年的努力。世界上绝大部分人连看一眼珠峰都很难做到，就更别说尝试攀登了。光想一想，我都觉得阿帕的 21 次登顶让我头皮发麻。太难！太了不起了！

一个最早，一个最多。两位珠峰攀登史上殿堂级的人物居然都来自这小小的塔美村，这个村子真可谓是藏龙卧虎啊！直到今天，塔美村依旧保持了很强的登山传统。在夏尔巴协作和向导队伍里，有不少人就是来自塔美村。而且他们对自己的家乡非常自豪。每次自我介绍时，除了姓和名，他们往往还要加上一句“我来自塔美”。来自塔美村的夏尔巴人似乎已经成了攀登珠峰的夏尔巴中最根红苗正的“贵族”。在了解到这些历史和信息后，我对塔美村产生了非常浓厚的兴趣。到底这个“贵族”村长什么样子呢？真有点迫不及待。

从南切出发，沿着山路向东徒步。塔美的海拔与南切相仿，所以一路上没有什么上坡，几乎都是平路。而且一路都是在森林里面徒步，既不用被太阳晒，氧气又充足，温度也很怡人。同时由于塔美并不在大部分商业徒步路线上，所以几乎没有什么人。走起来很舒服，真有点逛公园的感觉，而且是包场独享。由于海拔高，山上的季节比平原地区来得晚。五月的平原已经进入初夏，但这里才刚刚开始入春。满山的野花盛开，以白色和红色为主。放眼过去，整个山就像是披上了一层崭新的花衣裳。山路两旁的野花则像是为了迎接我们入村而特地盛装出席的迎宾队伍。小溪、青山、野花、蓝天、白云，塔美村真乃尼泊尔喜马拉雅山区的世外桃源。我也瞬间明白为何数十年前藤真诺尔盖一家跋山涉水最后落地生根在这里。

有山有水的塔美村

世外桃源

愉快的塔美村徒步一日行很快就结束了。回到南切的客栈后，我马不停蹄地又远程工作了 3 个小时。工作的效率很高，我的状态也很好。勇于挑战、坚持不懈的藤真和阿帕都是我的榜样。在“朝拜”塔美村后，我工作起来更有动力了。不过说实话，多年在联想集团的全球性工作已经让我习惯了无论什么在地点，都要抓紧每个碎片时间，高效、灵活地工作。记得有一年年末，我们做了一个小统计。不算地面交通，不算私人飞机，仅仅是民航客机，一年之内，老板和我各自飞行了 386 000 千米。这是什么概念？也就是一年之内几乎绕了赤道 10 圈。或者，从地球飞到了月球，再折返了一点（地球与月球之间的距离是 384 400 千米）。在这样高频率、长时间的差旅任务下，还要保持日常工作照常运转。这就是对一个世界 500 强高管的基本要求之一。在那样高强度、高要求的环境下历练了五六年后，现在创业期间，哪怕在珠峰脚下，我面临边工作边登山的挑战时似乎也就少了分手忙脚乱，多了些有条不紊。这次攀登珠峰，我也背负着在联想集团 35 年历史上，将其旗帜首次带上世界之巅的厚望。

尽管效率高，工作完之后也已经快 6 点了。太阳下山了。这也意味着我错过了洗热水澡的时间。今晚就只能用冷水擦擦，凑合着睡了。那可真叫冰冰凉啊！

结语：今天恢复性地徒步了一天，去了著名的珠峰攀登小村塔美。那里是人类首次登顶珠峰的英雄藤真诺尔盖，和 21 次登顶珠峰的世界纪录保持者阿帕夏尔巴的家乡。山区春意盎然，景色很美。

Day 33

奶奶，您走好

2018年5月7日

智博祈祷云雾中，思念奶奶恩情重。高僧为之有情义，经幡舞动显神灵。

此去冲顶多艰险，先人护佑舔犊情。天时地利似流水，固若磐石人和命。

——于星垣

今早我居然被阳光“叫醒”了。南切的天气一般是下午才有太阳，早上都是云雾缭绕的。拉开窗帘，一座壮美的雪山映入眼帘。原来南切对面常年被云彩遮住的山峰是这么的雄伟。蓝天绿树、骄阳雪山，今天的天气太棒了！今天是奶奶过世的第七天。我决定去山上的南切寺祭拜奶奶。

窗前壮美的雪山（图右下角是南切寺）

南切寺外景

南切寺虽然没有天波切寺出名，但也有百年的历史了。再加上南切本身在喜马拉雅山区的重要地理位置，使得南切寺也成了喜马拉雅山区香火最旺的寺庙之一。它位于南切镇U形布局的最右侧的最远端，也几乎是最高点。在寺庙可以把南切的全景尽收眼底。不少徒步客专门来到南切寺倒不是为了上香祈祷，而是取景摄影。南切寺本身也维护得很好。红墙金顶、转经筒、五彩经幡，一看就知道时常有人照料它。寺庙外围被野花环绕，更平添了几分仙气。推门进去，怪了，平时香客信徒络绎不绝的南切寺今天居然就我一个人，似乎是为我准备的专场。我一个人坐在大殿外面的长凳上，双臂交叉，低着头，默默地回忆起奶奶来。除了我自己的呼吸声，就只有随风飘起的经幡声和时不时响起的转经筒铃声。怀念着、回忆着，小时候的一幕幕都重现在眼前，不知不觉眼泪便从我的脸上淌下来了。

这时候一只大手忽然扶在了我肩上。我抬头一看，原来是一个面目慈祥的大喇嘛。他不会讲中文，也不太会英文或者葡萄牙文，而我不会藏语或尼泊尔语，但语言上的障碍居然没有影响我们沟通。他用最简单的英语配合肢体语言问我为何流泪。我说“奶奶走了”，同时用手指了指天上。我越说越激动，觉得在她老人家离世前我居然不在她膝下，没有见到最后一面，出殡时我也不在，作为长孙独苗的我非常自责和惭愧。说着说着，我哭得更厉害了，眼泪根本止不住地往外涌。仿佛前几天奶奶去世的消息我还没缓过神来，到了今天才真正意识到她真的已经走了。不知大喇嘛是否全听懂了，但显然他明白我有亲人刚刚去了天国。他一把把我拥入怀中，一手拍着我的背，一手摸着我的后脑勺，安慰着我说：“这是所有人的必经之路。你奶奶是去了更快乐的地方了，那里没有痛苦。你应该为她高兴才是”。说着说着，帮我抹去脸上的泪水，然后额头对额头地与我站着，并念了一段佛经。我想他是在帮我超度奶奶吧。奶奶在天国也应该能听见我们的声音，感受到我的思念。我长这么大还从来没有过这种经历。今天和这位素不相识的异国大喇嘛，在语言不通的情况下，我们反而是真正的心灵相通。这种感觉很奇妙！

奶奶

大喇嘛看我逐渐止住了泪水，便问我为何来此。我告诉他我是为了攀登珠峰而来。他听后，上下打量了我一下，拉着我的手，带我来到殿内，然后给了我三样东西。一条哈达，一根红绳，一把谷粒儿。哈达是放在背囊里，可以光照所有装备正常工作，不出意外。红绳是系在我脖子上，保佑我一路平平安安。谷粒儿是贡给妖魔鬼怪的。他们要是想找我麻烦，现在吃了谷粒儿就会心满意足地离开了。然后，大喇嘛又双手合什地握住我合什的双手，念了一段经，说这三件东西会保佑我一路平安。这分文不取的三件真正开过光的宝物，我一直留在身边，就连睡觉时都带在身上。在尼泊尔这样的宗教国家，在喜马拉雅山区这样的佛教圣地，在奶奶去世七天的祭日，我能有机会在雪山脚下的百年古刹里，与萍水相逢的大喇嘛心连心地超度奶奶，并祈祷我登山顺利平安，实在是既意外，又幸运。从今往后，我登顶珠峰的欲望更强了，心理包袱更轻了，信心更足了！

结语：今天是奶奶去世的第七天。我专程来到南切寺悼念奶奶。偶遇一位大喇叭，他见我泪流满面，便和我一起超度奶奶，并赠予三件开光宝物，保佑我登顶成功和平安下撤。我很感谢，很感动，也很感恩！

Day 34

开始闲不住了

2018年5月8日

高寒狂风一月间，雪崩地裂瞬即现。风风雨雨轮番出，磕磕绊绊随时见。

恐怖冰川不恐怖，艰险绝壁虚艰险。千锤百炼出精品，深思熟虑无极限。

—— 于星垣

今天早上醒来，我感觉身体状况比昨天更好了。下山休整以来，确实能感觉到身体一天比一天好。最明显的迹象就是“昆布咳”基本上消失了。这对我来说是非常喜人的转变。只有尽可能地把身体状况调整到最佳状态才有登顶的可能。这一周在南切的休整太重要了，而且现在效果越来越明显。我不咳嗽了，心情大悦，决定今天自己给自己上量拉练，同时完成一个去年徒步时没有完成的事情。在离南切大概2小时步行之遥的地方，有一座号称是世界上最高的星级酒店。珠峰观景酒店座落于南切后山海拔3 998米的地方。这个酒店除了海拔高，还有一个无可比拟的特点，就是可以遥望到珠峰。在如此高的海拔，可以边喝咖啡边欣赏珠峰，可谓全世界独一无二。尽管这家酒店每晚的价格有几百美元之巨，它还时常客满。我今天的自我拉练目标就是徒步往返珠峰观景酒店。去年徒步去珠峰观景酒店时，刚好赶上大雾，压根儿就看不见珠峰的踪影，扫兴而归。今天阳光明媚，希望珠峰能给面子露个脸。

这是我第二次徒步前往珠峰观景酒店。同样的山路，但这次与上次的感觉是截然不同的。我清晰地记得2017年10月去珠峰观景酒时我是气喘吁吁、步履蹒跚。费了九牛二虎之力才抵达。而今天，我不仅呼吸顺畅、步伐稳健，而且觉得挺轻松的，没费什么劲儿。连我自己对这种差别都暗暗惊讶。看样子在珠峰大本营的拉练和最近一周的休整确实有效果。身体不仅缓过劲儿来了，而且更强壮了。一路上，我都在超越前面的徒步者。而且，好几次他们气喘吁吁的休息的时候，我觉得根本还没发力呢。看着他们就好像看到了去年的我。一般要 2 小时的行程，我仅用了 1 个半小时就到了。这还是包括了在路上驻足遥望阿玛达布朗峰并拍照留念的用时。到了珠峰观景酒店后，我也完全没有累感，而是觉得怎么这么快就到了！

今天的天气格外好，能见度非常高。远处的珠峰一览无遗。似乎老天爷加倍偿还了我去年的无功而返，彻底满足了我的心愿。为了省钱，我就点了一杯蜂蜜茶，满足酒店的最低消费要求。边喝着热茶，边遥望着珠峰，此时我的心情既平静又凝重。平静，因为我已经多次在更近的距离看见她圣洁的容颜了。凝重，因为我想大概一周之后我就真的要去挑战和攀登她了。她是那么遥远、那么巍峨，高耸入云，我真的上得去吗？会有什么样的困难等着我呢？高反会不会再次出现？咳嗽会不会反复呢？能安全顺利吗？世界之巅离我很远，但又离我很近。真有点不可思议。

从珠峰观景酒店的平台远眺珠峰

图中的“黑馒头”就是珠峰

和珠峰合影

这时，我忽然联想起了11年前报考哈佛的场景。当时的哈佛对我来说又何尝不是一座珠穆朗玛峰呢？哈佛大学是普世公认的世界顶级学府。全世界的英才都趋之若鹜。各国的“状元”“榜眼”们都削尖了脑袋想成为其中的一份子。而我一个在国内成绩平平的“中等生”怎么可能有机会呢。但是哈佛是我当时的梦想，尽管起点如此低，我也要为了梦想全力一搏。2002年11月，我作为游客去哈佛旁听了一堂课，打算先感受感受气氛，试试我能否听得懂。2017年10月，我作为徒步客徒步去了尼泊尔珠峰大本营，攀登了6 200米的岛峰，先试试自己的能力，熟悉熟悉当地的生活方式、饮食、民俗等。2003—2006年，我在工作岗位上全力争优，在工作之余积极组织和参加各类社会公益活动，同时费了九牛二虎之力三考GMAT，攻下了我哈佛路上最大的软肋。2017年11月至2018年3月，在平原地区进行严格的体能和力量训练，在四姑娘山进行技术训练，在大本营拉练，在罗布切峰拉练，在一号营地至三号营地拉练，经历了发烧、感冒、昆布咳、背痛、高反，好似要经历九九八十一难方能成佛，终于做好了最终冲顶珠峰的准备。2007年1月7日凌晨，我收到了哈佛商学院的录取通知书，多年从未流泪的我当时是喜极而泣，一个梦想终于实现，一个曾经的中等生居然被哈佛录取，不可思议，这让很多人都大跌眼镜，包括我父母。2018 年 5 月中旬，我这个仅仅登过一次雪山，而且从未登过 6 200 米以上雪山的绝对“菜鸟”将要“三级跳”直接挑战 8 848 米的世界之巅——珠穆朗玛峰。几乎所有人都认为这是不可思议、不可完成的任务。结果如何，咱们拭目以待！难度越大，越有吸引力；越不可思议，越要去尝试挑战。我就是这么一个人。

茶喝完了，珠峰远眺够了，下午回到了客栈。拿起之前淘的 *The Will to Climb* 就直奔 Café Brias 了。我在那里又度过了一个下午。从阅读中获得知识，从先人的经验中吸取养分，在历史的学习中强大自己。读完了这本由美国登山家 Ed Viesturs 写的书后，晚饭前，我又去淘了另一本书 *The Climb*，由 1996 年山难的另一位主角，也是 *Into Thin Air* 里的主要反面角色，哈萨克斯坦著名登山家波克耶夫所著。凡事都有双面性，不能只听一面之词。登山也是如此。一场震惊世界的山难也有两个不同角度的解读。之前多次认真阅读过大名鼎鼎的 *Into Thin Air*，现在也很想看看书中的反面角色是怎么看待那次山难的。作为读者，我有点像是在读一部长篇纪实小说，但又出自两位观点截然不同的作者。这种感觉也有点像是一个侦探，在仔细研究、对比和分析两方对同一案件的供词。这种阅读真是引人入胜、乐在其中、好不痛快！

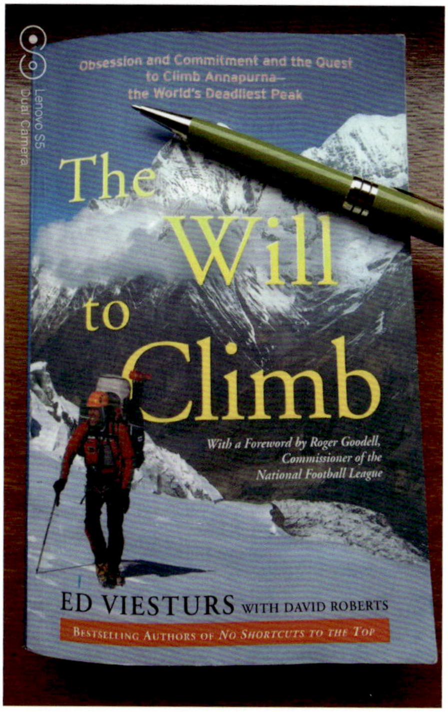

又读完一本与珠峰相关的书 *The Will to Climb*

由于这几天几乎每天都来光顾 Café Brias，那里的老板已经成我的好朋友了。今天下午他的店里来了一位特殊的客人，他也把这位客人引荐了给我。这位客人就是大名鼎鼎的当代美国登山家康纳德·安科尔先生。他成功登顶各种世界顶级山峰的事迹自然不用说了，而且他还是多部登山纪录片、历史片、甚至科教片的主角。同时，他也是一位积极参与公益活动的慈善人士。身高 185cm，金发碧眼。要颜值有颜值，要成就有成就，要人气有人气。把他比喻为现代登山界的贝克汉姆一点也不足为过。但出乎我意料的是，这样一位大神级的人物竟然无比地平易近人。安科尔先生和我握手、聊天、合影，丝毫看不出来他的大牌。反而他对我这个“菜鸟”居然要挑战珠峰很感兴趣，问了我足足 10 分钟。然后给我些作为前辈的叮嘱和同为登山者的鼓励，最后来了个大拇指，让我有点受宠若惊。这就是真正的前辈的气质。不是靠外表，不是靠小聪明钻空子，更不是靠关系，而且靠实力，靠一步步扎扎实实地向上攀登，靠一览众山小、容纳百川的胸怀。想不佩服他都不行，我也成为安科尔先生的粉丝了。祝他好运！

与康纳德·安科尔夫妇合影

结语：今天自己给自己加量拉练来回了一趟珠峰观景酒店。2017 年来此由于大雾未能一睹珠峰。今天万里无云，珠峰一览无遗，算是了了个心愿。下午在读书时，偶遇世界登山大神，康纳德 · 安科尔先生，被他的平易近人所折服，这才叫真正的大牌！

Day 35

提前启程徒步回珠峰大本营

2018年5月9日

今天是至今为止在山区度过的最漫长也是最有趣的一天。早上起来，已经在南切休整了一周的我有些无所事事，坐不住了，想徒步回到大本营。但当时我并没有决定到底要不要今天就启程，而是去 Sherpa Barista 餐厅看了金州勇士对阵新奥尔良鹈鹕的 NBA 季后赛。金州勇士队拥有多位明星球员，库里、杜兰特、汤普森、维斯特，等等，但作为密西根州立大学的校友和终身铁杆球迷，勇士队的23号、全明星球员、攻防核心，追梦格林才是我的最爱。身高刚刚过2米的格林，即能担当中锋，又能客串控球后卫，还能对位大小前锋。篮板球、盖帽、抢断、助攻是他的看家绝活；挡拆、快攻、中投、内线强打他也不在话下；时不时地在关键时刻还有一手三分球。所以，他经常性地拿三双（双位数得分、篮板、助攻）。除了这些可以由数据统计的贡献外，格林还是全队强力胶、润滑剂、万金油。各

格林在密州大

格林在勇士队

大明星队友在他的“领导”下，不仅不单打独斗，反而无私协作，真正凝聚在一起发挥出团队的最大力量。就连勇士队的主教练，也是当年乔丹3次夺冠的队友，斯蒂夫·科尔也称格林为“场上的教练”。但如果对阵这样一位全能型的灵魂人物，那可就惨了。格林球风彪悍硬朗，又善于打心理战，常常把对方球员挑衅得心烦气躁，发挥失常。队友爱死他，对手恨死他。格林就是这么一位全能型明星球员。

除了球技，我全力支持格林还有一个重要原因，因为我们都是密西根州立大学的校友，都是斯巴达人(Spartans)。密歇根州立大学（后文简称密州大）和密西根大学可是两所完全不同的大学。密州大的学生们和校友们都有一个特质，就是非常“蓝领”。蓝领代表着兢兢业业；蓝领代表着踏踏实实；蓝领代表着勤勤恳恳。一步一个脚印，不畏艰险，稳步向前，从不相信一步登天，这是密州大的校友们共同的特质。格林也不例外。作为当年美国NCAA大学生联赛的最佳阵容成员，格林被绝大多数NBA球探认为是“四不像”。不像中锋，不像后卫，不像得分手，也不像铁闸，非常不被看好。最后，他第二轮才被选中，然后打了两年的替补。但这些负面看法并没有把格林打倒，反而这些质疑成了他更加刻苦训练的动力。四年内获得三次NBA总冠军的成绩已经让所有的质疑不攻自破了。格林不仅仅是一名明星球员，更是一个活生生的励志榜样，一名典型的密西根州立大学斯巴达人！今天他又一次帮助勇士队取得胜利，并拿下三双。

吃了一个汉堡后，我又工作了一阵儿，发现才11点半。那整个下午干嘛呢？接着休整？我都已经在南切待了整整一周了。所以就在那个时刻，我即兴决定今天就启程徒步回珠峰大本营！第一，我已经休整了一周了，足够了；第二，徒步回大本营有助于恢复体力，要不然久了不动都疲懒了；第三，徒步的话就可以省下450美元的飞回大本营的乘直升机的钱，虽然预算是可以覆盖的，而且其他队友都坐直升机返回，但我依旧真的舍不得花这个钱。出发前，我又去了趟小村诊所。止咳药吃完了，但我还是有点咳，所以再开些药带着为好。有了上次的经验，这次我已经准备好了又要花好几百人民币的药费。

但没想到，这位全村唯一的大夫一听我即将出发开始尝试攀登珠峰，他就把我的药费变成了尼泊尔人的收费标准，一共才 140 卢比，也就是说不到 10 元人民币！我不好意思地看看着他说：这不太合适吧？他却一本正经地告诉我，这算是他为我攀登珠峰的一点贡献，祝愿我登峰成功！在我临出诊所大门时，他还给我塞了一把维他命 C 片，并叮嘱说一天一片有助于肺部粘膜恢复。萍水相逢，如此真诚，我很感动，同时又多了一份动力！

临行前，南切村诊所唯一的大夫
在药神前，祝福我登峰顺利

在客栈退房时，我才突然发现自己的背囊有多沉，40~50 磅（1 磅约等于 0.45 千克）肯定是有的。我很纳闷儿，自己已经一再精简，怎么背囊还那么重？！不过转念一想，就当是负重拉练吧。下午 1 点 15 分我正式离开南切，出发前往大本营。这是我第三次走这条路线了，挺熟悉的。我的步伐也挺快，一路上心情不错。正当一切顺利的时候，尼泊尔的山区检查站出了个小插曲。隔三差五的尼泊尔军方在登山路线上设置了岗哨，检查每一位徒步客和登山客的入山许可证，还真是人人必查。但我们的许可证都是由夏尔巴领队统一保管的，而且都留在大本营呢。我也没拍个照片。这确实是我的疏忽！哨兵既不讲中文也不讲英文。我又打手势又找过路的夏尔巴当临时翻译，解释了半天，人家还是不放我过去。努力了好一阵儿，我终于借到了一个好心的过路夏尔巴背夫的手机，然后打电话给大本营的夏尔巴领队，但大本营的手机没信号。怎么办？后来，又打电话给了登山公司在加德满都的办公室，终于那里的工作人员提供了证件号码。我以为这就可以过去了。但那个哨兵对着我说了一通尼泊尔语夹杂着几个英文单词。我就听懂了“phone call”“charge”“money”几个词。然后，我看他拿着我的护照左右手比划了几下，大概明白了他的意思是要给钱，才还我护照。哈哈，我心想这还挺有意思的，在尼泊尔大山沟里遇上了“此路是我开，此树是我栽，要想过此路，留下买路财”的“路霸”。那我应该给他多少呢？他不是说帮我打了几个电话有费用嘛，那我就给他电话费吧，100 卢比，也就是 1 美元。他拿到后，想了一下，手一挥，让我过去了。(很想把那小子拍下来，但岗亭严禁照相)

在此处耗了 40 分钟，还有一个半小时的山路要走。山里天黑得早，我开始有点担心要走夜路。由于天色已晚，这一个半小时的山路上，我只遇到了一位下山的背夫。往常“车水马龙”的经典徒步路线现在鸦雀无声，仿佛整座大山里只有我一个人。起初还挺兴奋的，但随着天色渐渐转暗，大山开始显得有些阴森。此地不宜久留，还是赶快走吧！终于，傍晚 6 点过，走得浑身大汗的我赶到了天波切村，是当天最后一个到此的客人。

傍晚，终于抵达天波切村

正当我想终于可以好好休息一下时，客栈老板告诉我“对不起，已经客满”。我连跑了两家客栈都客满。真心没想到这天波切村的客房这么火爆啊！不过确实我也到得太晚了。一般人都是下午两三点就到了。看样子我只能试试当地村民家或者去喇嘛庙借宿一宿了。我正要离开时，客栈老板娘来了句“你是不是去年住过我们这里？”2017 年 10 月来徒步时，确实住过这家客栈，但我怎么也不敢想象老板娘居然还有印象。她说我是她这里个子最高、眼睛最大、眉毛最浓、英语最好的中国客人，所以印象挺深，如果我不嫌弃的话，可以今晚就睡在他们餐厅的长椅上。其实，山里的惯例就是，登山客们住房间，而他们的夏尔巴背夫们就在餐厅里凑合着睡。那我今晚也就享受一下夏尔巴背夫的待遇吧。这还有一点好处，就是睡餐厅免费。又省了！

感谢老板娘

住宿终于有着落了，现在开始忙活吃饭了。我点了一盘炒饭，580 卢比，也就是 40 人民币，够贵的，但实在，能吃饱。为了省钱，我连饮料都没点，向老板讨了一大杯白开水。一瓶白开水 300 卢比或 20 元人民币，又省了。和我拼桌吃饭的也是一位独自徒步者，于是我们两人便聊了起来。不聊不知道，一聊吓一跳。此君名叫大卫（Dave），曾在加拿大特种部队服役 10 年。退伍后，开始周游世界。曾经是狙击手的他，曾在巴尔干半岛、海地、刚果、卢旺达及南美多国执行任务。一看照片，就跟电影里面的镜头似的，太威猛了！而他对我即将攀登世界最高峰也是极其感兴趣，问了不少问题，并让我保证无论登顶与否都给他发张我与珠峰最近的合影。我是他人生中认识的第一个即将挑战珠峰的人。好似即将上战场的勇士，他觉得我们两个彼此彼此。当然，我觉得大卫他 10 年的服役生涯，特别是真刀真枪地出生入死过，比我攀登珠峰要值得尊敬得多。

同为路上人的独自徒步客大卫

曾经是加拿大特战部队狙击手的大卫

今晚就和夏尔巴背夫们一起睡餐厅了

我们边吃饭边聊天，一晃 3 个小时过去了。餐厅要打烊了。当大卫得知我没房间睡觉时，便邀请我睡他房间的另一张空床。但我婉言谢绝了，毕竟出门在外要多留神，况且我还挺想体验一下夏尔巴背夫的待遇呢。不到 10 点，灯全熄了。我钻进了探路者牌的零下 15 度高海拔睡袋，三本书垒起来当枕头，闭上眼睛，开始美美地回味这难忘的一天。

Day 36

省吃俭用

2018年5月10日

身残志坚爬行者，喜马拉雅有豪情。无须理论莫说教，吾辈自当奋力行。

大巴大巴食无味，干嚼麦片是实情。藏龙卧虎小客栈，精神力量乃无穷。

——于星垣

今早，我还在美梦中，忽然被一阵阵盘子、碗、锅的碰撞声“叫醒”了。原来是餐厅老板一家正在开门开火，开始给客人们准备早餐了。我眯着眼睛看了一眼表，还不到6点。晚上10点关门，早上6点开门，接着又要忙活一整天，真是辛苦啊！在世界各个角落都有为生活而奔波劳碌的人，即使在偏僻的喜马拉雅小山村，亦不能免俗。祝勤劳、善良的老板一家幸福、健康！

今天的目的地是海拔4 700米的图卡拉（Thukla）。图卡拉不是一个村子，而且由两家客栈组成的一个很小型的歇脚点。一般来说，过了天波切村后，徒步客或登山客们都会选择下一站住在丁波切村，而不是图卡拉，一般在那里喝杯茶吃点东西就继续往前进了。但我的计划是明天就要赶到大本营，也就是要把一般人四天的路程用两天就走完，所以我今天需要赶到图卡拉。这对我的体能来说是一个小测验，也有一定风险。一是从天波切穿过佩尔切村再到图卡拉，和从天波切到丁波切是两条不同的路线。我并没有走过前者。其地形如何，难点在哪里，分岔路口在哪里，我一概不知。只有去了才知道。二是如果我高估了自己的体能，天黑前走不到图卡拉，那我可就真的身处前不着村后不着店的荒山野岭了。

为了省钱，但又不牺牲必要的营养和热量，我现在的早餐标配就是自己订制的食谱：干嚼麦片、6 个干杏和一大杯白开水。而且麦片和干杏都是我在南切就买好，一路背着走。海拔越高，东西越贵。连白开水的价钱都翻倍了。吃好了自带早餐，早上 8 点 45 分，我出发了。今天山上一反前两天的阳光明媚，一直下着小雪。只要一停下来就得立刻加衣服。一路上我不停地超过走在我前面的徒步客。其实我并没有刻意加快速度，但我的正常速度就已经比路上遇到的人快了。再次佐证拉练和休整有效果。走到一个山谷，要过一条小河时，我突然意识到有条河是去佩尔切和丁波切的岔路口。向同路的夏尔巴人一打听，果然我正在往丁波切前进，已经走错了一小段路。在高海拔地区，每一丝一毫的体能都是宝贵资源，最怕的就是走冤枉路。事已至此，没办法，只好走一段回头路。但好在我没有傻乎乎地一直往前走，还算头脑清醒，察觉得早。

每天的自订早餐：干嚼麦片和干杏

大概 12 点 45 分左右，我抵达了中途村子，佩尔切。这时我知道今天下午到达图卡拉应该是没问题了。所以，我放下沉重的背囊，选了一家看着挺干净的餐厅吃午饭。我发现山区里的所有餐厅都差不多，就是炒饭、炒面、馍馍、土豆、咖喱那么几道菜。我几乎不用看菜谱都能点菜了。不过今天我点了一道我还从未吃过的菜，叫大巴（Dahba）。这道菜其实很有名，是典型的尼泊尔民族菜。全尼泊尔各地的餐厅都有卖大巴的。它是由米饭、豆汤和咖喱组成的，搭配着吃。其实，味道一般，至少我不觉得有什么出彩之处。但是，它有一个其他菜无法比拟的优势，那就是白米饭随便续，直到吃饱了为止 。对于一路省吃俭用的我来说，白米饭管够真是个喜讯。老板，再来一碗饭！

大概两点左右，我离开佩尔切，继续向图卡拉前进。这条路是我从未走过的，但却出乎我意料地开阔和壮美。我一直在一片开阔的河谷里缓缓向上行走。由于这条路线并不是主流徒步路线，所以一路上除了赶牛的孩子（下图“佩尔切到图卡拉的路上”就是这个孩子照的），几乎没有遇到什么人。天、地、大山，河谷，还有我。这种感觉有点像电影里的孤胆英雄或独行侠。忽然，我看到前方有个在地上爬行的东西。离近了再一看，原来是一位残疾人，正在向前爬行！我这个四肢健全的人走这个山路都挺累的，而他居然在用四肢爬行！顿时，我对他的精神和毅力肃然起敬！本来想去攀谈几句，但转念一想，其实残疾人最想要的就是别人把他们当正常人看待。为了尊重他，我放弃了攀谈的念头，但向他伸出大拇指，然后握拳示意加油后，便继续前进了。向他致敬，并祝他好运！

典型的尼泊尔民族菜大巴(Dahba)

在佩尔切到图卡拉的路上

偶遇身残志坚的行者，祝他好运！加油！

下午3点30分，我抵达了今天的目的地——图卡拉。客栈还有房间。300卢比，也就是20元人民币一晚上。算了算身上的现金，刚刚够住店和吃一顿饭的，我就不犹豫了。有趣的是，客栈老板一见我穿的是探路者品牌的装备，立刻满面笑容、很自豪地告诉我他哥哥和王静姐（探路者集团创始人）一起登过珠峰。再一问，他哥哥是原来就是大名鼎鼎的20次登顶珠峰的金牌向导——普尔巴夏尔巴。之前介绍过，世界记录也就21次（现在是23次）。这小小的图卡拉客栈可真是藏龙卧虎啊！探路者的品牌也真是深入喜马拉雅山区人民之心。作为一个中国人，身着中国民族品牌，并在异国他乡被认可，一股小小的自豪感油然而生。我人生的一个梦想就是能看到中国的品牌像美国、日本品牌那样被全世界认可，从而提高中国整体的国际地位和中国人的世界形象。为了这个梦想，我也一直在付出实际行动。在联想集团的6年时间里，我们从个人电脑世界销量排名第四，一举超越了美国和亚洲的强劲的世界500强对手，攀升到了毋容置疑的世界第一。这是所有中国企业里绝无仅有的。在登上个人电脑行业，这个由美国大公司长期统治的行业的“珠穆朗玛峰”后，联想的品牌在全世界得到了广泛的认可。以前问老外知道中国有哪些品牌时，往往得到的是“熊猫”“长城”“武术”一类的可爱的回答。但现在问同样的问题，联想Lenovo赫然出现在不少人的回答中。能有机会协助打造一个让国人自豪的民族品牌，我觉得非常幸福，也很幸运。从另一个角度来说，协助联想登上PC行业的“珠穆朗玛峰”也算完成了我人生的梦想之一，也是我目前10年职场生涯以来最辉煌的时刻。在此，感谢联想集团所有同仁们的众志成城！特别是感谢我的老板杨元庆董事长对我的指导、打磨和关爱！

客栈老板的哥哥是20次登顶珠峰的普尔巴夏尔巴，并认出我身着探路者品牌装备

结语：今天从天波切徒步到图卡拉的计划顺利完成。明天直取珠峰大本营。

Day 37

在大本营为我举办的“欢迎晚宴”

2018 年 5 月 11 日

群英荟萃大本营，各路英杰书豪情。登顶次数二十一，无人能及是神明。

红衣孩童莫小视，登顶年龄世最轻。技术体能储备好，出发前夕获真经。

—— 于星垣

今早起床后，我先是就着酒店的 Wi-Fi 工作了一个多小时。尼泊尔与国内有 2 小时 15 分钟的时差。当地的早上 8 点，是国内上午 10 点 15 分，正好是一天工作的黄金时间段，不容错过。微信群文字会议、语音通话、视频决策，怎么高效就怎么办，总之登山不能耽误工作上的事儿。这也是我给员工们潜移默化树立的一个榜样：我攀登珠峰的同时还能兼顾工作，各位没有理由不全力以赴；同时也让客户们绝对放心：无论条件多艰苦、路途多遥远、挑战多巨大，我们依然会圆满完成任务，绝不给自己找借口；还传递给投资人的一个信号，您投的是一家有创意、有勇气、敢付出、真行动的公司，这样的公司才有机会在竞争无比激烈的市场中闯出一条血路。早上的工作告一段落后，我再开始登山。到达营地后，我又接着开始工作。一早一晚，两个工作时间段，其中穿插着登山，几乎每天如此，包括周末和节假日。

今天的路程要穿过罗布切和大乌鸦（Gorak Shep）两个村子。我从图卡拉 9 点半出发，竟然 11 点半就到了罗布切。一般来说徒步者至少要花 3 个小时，而且要在罗布切休息和吃午饭。但我到罗布切时一点都不觉得疲劳，而且也不饿。我看了看罗布切，笑了一下，就接着朝前走了。又步行了一个半小时，到了大乌鸦村。这里的海拔已经是 5 000 米了，也是珠峰大本营之前的最后一个歇脚点和补给点。几乎所有徒步客、登山客和夏尔巴人都会在这里休息，为抵达大本营做最后的准备。但此时，我还是不觉得累，然后看了看表，时间是下午一点。确实到饭点了。但我囊中羞涩，最后决定接着往前走，然后找个人少的地方把最后的麦片和干杏当午餐。徒步 4 个小时后，我第一次放下背囊，突然感觉好轻松啊！找到一块相对平整的大石头，我往上一靠，晒着太阳，美美地“扫荡”了袋子里最后的一点麦片和几颗干杏，最后再来几大口白水，真是人间难得的美味！

正当我“享受”着呢，一秒钟前还普照的阳光，突然就完全不见了，然后立刻就起风了，还夹杂着飘起了小雪。真是风云突变，完全没有预兆和规律。此地不宜久留，要是不小心感冒了可就麻烦了。到达大本营的最后的一段路程，我用了一个小时 15 分钟左右。一路上，我超越了至少四十多位徒步客，而且是很轻松地、两三个箭步就超过去了。看着他们撑着登山杖、气喘吁吁、举步维艰，我仿佛看到了 2017 年在这里的我。但今天的我似乎换了一个人，不仅全程没用登山杖，而且背着沉重的大包，还能步伐轻盈地超越，确实体力见长。奇怪的是听到被我超越的徒步客说“这个人真快”时，我并没有什么骄傲感，反倒是觉得经历了这么多，是时候和珠峰“做个了解了”。

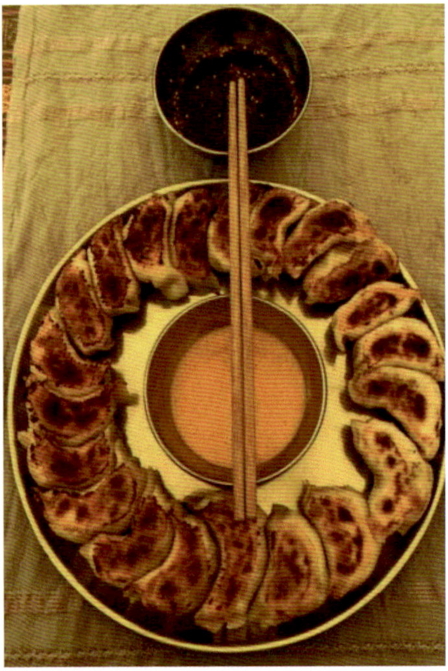
全世界最高，也是最美味的锅贴。

到了大本营，驻扎在此的领队天巴夏尔巴给了我一个大大的欢迎拥抱。我也很激动。一般人 4 天的行程，我成功地用 2 天完成了，而且身体状态良好。

我们可爱的杨大厨立刻给我端上了一盘牛肉锅贴。在连吃了几天麦片、干杏和大巴后，看到一盘摆盘精美的锅贴时，我顿时觉得大本营是世界上最美好的地方。沾上醋，一口吞进嘴里，突然感觉好似有美妙的交响乐响起，幸福得不得了！一盘 21 个锅贴，是两人份。我一个人就吃了 32 个。吃饱后转身就回帐篷去睡了会儿。那感觉好似打了胜仗后犒劳自己。

一觉醒来，已经接近 5 点。我溜达到公共大帐去活动活动。一揭开帘子，就看见一位身材敦实、目光坚毅的夏尔巴人在我们大帐里坐客。当时他正和天巴聊得欢。天巴看见我进来了，就立刻把我介绍给那位客人。他的个头不高，但握手很有劲儿。一介绍才得知，他就是当今登顶珠峰的世界记录保持者，登顶 21 次的卡米夏尔巴！在来尼泊尔之前，我曾经转发过一篇 BBC 对卡米的专题报道。他 2017 年追平了前辈阿帕夏尔巴 21 次登顶珠峰的记录。今年（指 2018 年），也就是下周，卡米将和我们一起尝试冲顶。如果冲顶成功，那他将打破世界纪录、改写历史，第 22 次登顶珠穆朗玛峰，成为世 界上登顶珠峰次数最多的人。攀谈中，我问卡米今年多少岁了？他回答，48 岁。我再问他如果今年打破世界纪录了，未来还会继续登珠峰吗？他说，珠峰给了他今天所拥有的一切，他会一直攀登到他走不动的那一天。祝愿卡米登顶成功！顺利改写历史！（一周后，卡米不负众望，第 22 次登顶成功，创造了新的世界记录，2019 年 5 月他又第 23 次登顶）写到这里，我必须还得介绍一下我们自己的领队，天巴夏尔巴。他也是一位登山界的传奇人物。天巴曾是珠穆朗玛峰最年轻登顶者的世界纪录保持者。当年他登顶珠峰时，年仅 16 岁，震惊了全世界。但他也为那次登顶付出了惨痛的代价。由于冻伤，他不得不截肢了 6 个手指头。不过到了今天，“4 指天巴已经成了一段佳话。他也成了“活传奇”。而且天巴还和中国颇有渊源。他之前曾在武汉大学留学，所以中文很不错。对日益兴起的中国登山市场来说，天巴无疑很受欢迎。今天我居然夹在两大世界纪录保持者中间，实在是诚惶诚恐，也倍感荣幸。

黄衣者是卡米（登顶珠峰次数最多的世界纪录创造者，23 次）
红衣者是天巴（登顶珠峰年纪最轻的世界记录保持者，16 岁登顶）

我们聊着聊着，大帐里陆陆续续进来了好几位我从未在大本营见过的面孔。他们看上去都历经沧桑，但又面带笑容。天巴跟我交流后，我才恍然大悟，原来今晚咱们营地有个“群星宴”。国际登山向导公司（IMG）的领队，七峰公司（Seven Summits）的领队，夏尔巴高山探险公司的老板，尼泊尔国家冰川医生公司（SPCC）的 CEO，喜马拉雅救援协会（HRA）的主席，尼泊尔知名女记者，全都到场了。IMG 是最老牌的全球性登山向导公司。除了珠峰以外，他们的服务范围覆盖全世界各种极限地区，比如南极、北极，以及其他海拔 8 000 米以上的大雪山，等等。七峰公司是尼泊尔本地公司。由于收费较低，获得了大量平民级登山者的青睐。它已经发展为珠峰登山圈里的龙头公司。夏尔巴高山探险公司也是尼泊尔本地公司，它的联合创始人就是天巴和一位中国商人。可想而知，他们的主要服务对象就是中国登山市场，而且已经小有名气。SPCC 是尼泊尔国家冰川医生的缩写。它的主要任务就是检查、修复、维护和搭建从大本营通往珠峰顶的路绳。这项工作非常关键，而且难度很大。只有高手中的高手，勇者中的勇者，才能成为令人尊敬的冰川医生。HRA 是珠峰的高山救援组织。尽管高海拔救援是几乎不可能的，但在 6 500 米以下，HRA 会尽可能地挽救生命。最后这位尼泊尔的女记者也会同我们一起尝试攀登珠峰。如果成功，她将成为尼泊尔历史上第一位登顶珠峰的女记者。他们今晚聚在这里，既是趁着大部分登山者还未返回到大本营，忙里偷闲聚聚餐联络联络感情，也是一起商量下周正式冲顶的事宜，如路线、天气、人数、氧气，等等。当然，我想把这个群星宴定位为他们一起为我举办的重返大本营的惊喜接风宴。

我们营地大帐里的群英会

结语：今天顺利返回到大本营。身体状态良好。饱餐一顿牛肉锅贴后，美美地睡了一会儿。晚上是群英会，各位珠峰攀登界的大咖汇聚一堂，为下周的正式冲顶做准备。

Day 38

队友团聚大本营

2018 年 5 月 12 日

狂风怒号雪似刀，录像方知天咆哮。避其精锐击惰归，知己知彼方为高。

恐怖冰川雪崩险，冲顶首日几触礁。厉兵秣马大本营，蓄势待发冲锋号。

—— 于星垣

队友们还没回到大本营呢，所以今天对我来说是个休整日。远程办公、读书、写日记，已经是我必不可少的日常活动了。外面艳阳高照，这么好的天气，我本来计划去洗个澡。可是转念一下，也许明后天就要出发冲顶了，干脆等到明天再洗吧，这样还能多在山上干净一天。可就是因为这一念之差，最终造成了我未来 10 天都没洗成澡，也创下了我个人最长时间不洗澡的记录，一共 13 天。不洗澡自然浑身脏脏的，但这也有个好处，就是确确实实大大降低了得感冒的风险。我宁愿忍耐脏味儿，也不愿在这冲顶前的节骨眼儿上感冒。现在生任何病，就尤如自动放弃冲顶，前功尽弃。

我正在大帐里读着书，忽然听见一阵“突突突突”的直升飞机声。又过了一会儿，我的队友们相继走进了大帐。他们刚刚乘直升机回到了大本营。我们 3~4 天没见了，大家都很亲切地打招呼。有的队友对我过去几天徒步回大本营的感受很感兴趣。我则对他们过去几天都在南切干了什么而好奇。尤其是一路上挺关照我的马哥。他是队里的高手。登山经验丰富，体力毅力都很强。但当我们两周前，拉练到二号营地时，他的昆布咳越来越严重，以至于恶化成了肺炎。当时如果再不及时治疗，病变成肺水肿可就有生命危险了。而且一旦病变为肺水肿，那么这次冲顶珠峰是肯定没一丝一毫的希望的。所以，马哥在那次拉练时，没有去尝试攀登洛子壁到三号营地，而且连夜下山回到了大本营，然后搭直升机直奔加德满都。他未来的好几天都在加德满都的医院住院，每天输液、吃药、休息。他能否迅速痊愈？就算痊愈了，还能不能回到山上？大病初愈，体力如何？会不会复发？这些问题不止我，几乎是所以队友想问的。当马哥重新出现在大家面前时，真的有种一年没见的阔别感。他看上去气色很好，而且健谈，也不咳嗽了。真为他高兴！

正当大家聊得兴高采烈的时候，突然天巴和昂大都来到大帐，面色凝重的和大家说，登顶日期现在还定不下来。啊？这是什么意思？一般来说，下山休整后返回大本营后一两天之内就应该出发冲顶，否则就会白白消耗好不容易休整恢复的体力。而且哪些天下山休整，哪些天回到大本营，这些都是周密计划过的，错过了登顶窗口期可就再也追不回来了。怎么现在突然说登顶日期待定？天巴和昂大给大家看了一段视频，大家立刻就平息下来了。那段视频是在 6 100 多米，从一号营地到二号营地的西部冰斗上拍摄的。可谓是横风肆虐，嚎声震天！目测那风速得有每小时 40 千米，而且是横向，刚好与攀登路线垂直。也就是说，在 6 100 米的高海拔，登山者正在被时速 40 千米的大风横向刮离路线。这好比有人在你登山时不停地大力侧推你。如果在西部冰斗偏离路线将会是致命的。路线两旁的冰原看似平缓，可实际上平缓的冰原下面布满了深不见底的冰裂缝。一旦掉下去，很可能就是永别了。视频里播放出来的风声也让人毛骨悚然。一直在平原城市工作和生活的我很久没听到那种“嗷嗷”的风嚎声了，听着就让人打哆嗦。视频里面有一位登山客，他双手死死地撑住两根登山杖，站在原地一步也动弹不得。同时，一位夏尔巴协作正在努力靠近他，争取施救。看了这短短 10 秒的视频，我们所有人都一致表示一定要耐心等待天气好转再攀登。

狂风呼啸视频

我们在大本营远望昆布冰川、珠峰西肩和努子峰，看着是风和日丽的。可谁知昆布冰川之上的西部冰斗竟然是狂风肆虐。这完全不可想象。通过这件事，我也开始研究起天气预报来。离冲顶的日子越近，天气因素就越关键。赶上好天气是成功登顶的必备先决条件。反之，坏天气不仅登顶几乎无望，而且还会导致山难和其他致命危险。今天大半天已经过去了，明天我要好好研究研究珠峰天气预报。

结语：今天在大本营休整，迎来了回归的队友们。马哥也从加德满都病愈复出了。西部冰斗大风，我们的冲顶出发日期待定。

Day 39

看老天脸色

2018年5月13日

由于大部分队友都是昨天才返回大本营，今天就是他们的休整日。不过就算今天大家都休整好了也不能上山，因为我们还在等待天气的好转。昨天西部冰斗的10级大风让我们记忆犹新。今天，大家要么在各自的帐篷里收拾装备，为了明后天出发冲顶做最后的检查；要么就是在大帐篷里面聊天、上网、打扑克。我除了老三样（远程工作、读书和写日记），今天还加了两个项目，研究天气预报和恭祝各位母亲大人节日快乐。

天气的重要性在登山的过程中不言而喻。好天气是成功登顶的一半，坏天气甚至可能致命。那么如何判断天气的好坏呢？天气预报加上运气。首先，珠穆朗玛峰顶的天气预报不是明天要出发，所以今天可以看明天的，而是要提前预测未来4~5天，甚至一周的天气情况。因为从大本营到珠峰顶一般要5天时间。也就是说我们要提前5天选好冲顶日子，并祈祷5天后的天气和我们今天预测的是一致的。谁都知道天有不测风云，更别说8 848米的珠峰顶上了。今天预测明天的天气都不见得准，更别说一下子预测5天之后的天气。但是，没办法，这就是攀登珠峰的风险之一，只能尽力而为，到了日子再看造化。第二，氧气有限。从二号营地开始大部分人都要开始吸氧，从三号营地开始所有人都要吸氧。每瓶氧气4公斤，但在山上它却尤如40斤，所以氧气瓶必须只能准备得恰到好处，绝对不会多背一瓶可能用不上的氧气上山。再说一瓶氧气要花600美元，对大部分人来说是非常昂贵的。如果对天气的判断错误，就可能造成氧气过早用完，从而丧失冲顶的机会。

珠峰的天气预报可不是上网搜索一下就有的，而是要花几十美金甚至上百美金向专业机构购买。我想天气预报能有多复杂，不就是手机上经常显示的那几项吗？温度，有没有雨，有没有风，晴天还是阴天。但当我自己真正手握一份珠峰天气预报时，我震惊了，也立刻明白它为什么那么贵了。那可不是几个数据，而是好几页 A4 纸的密密麻麻的分析报告。通过对珠峰的风向、风速、日照、大气、温度、降雪等重要指标，非常科学又符合逻辑地推理出冲顶珠峰的推荐窗口期。由于语言和用词，一般人还不见得全都看得懂。而且这个天气预报还不能只看一家的，要多家对比后才能做出一个最靠谱的判断。具备提供珠峰天气预报能力的国家有中国、美国、日本、瑞士和尼泊尔。他们的收费标准不一样，提供的天气分析也不太一样。一般来说，中国登山队几乎就是用中国和美国的。一个是同种语言，一个是世界权威。我仔细看过这份天气预报后，心想这哪是天气预报啊，简直就是一份华尔街投行标准的投资研究分析报告，只不过目标不是某家公司，而是换成了珠穆朗玛峰的天气。太专业了！难怪要花重金购买，值！看完后，我心里忽感踏实。因为我觉得有这么专业的天气分析，我们的冲顶成功率和安全都会更有保障。最后得出的结论是，5 月 17—20 日应该是冲顶珠峰的最佳窗口。如此倒推，我们后天凌晨，出发。

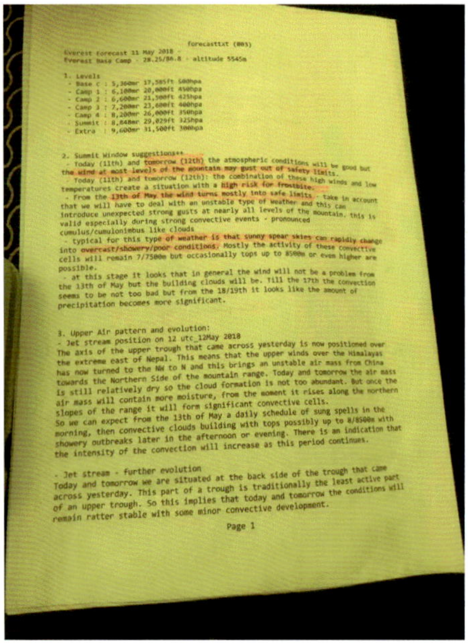
forecasttxt (003)
Everest Forecast 11 May 2018 -
Everest Base Camp - 28.25/86.8 - altitude 5545m

1. Levels
- Base C : 5,360mr 17,585ft 500hpa
- Camp 1 : 6,100mr 20,000ft 450hpa
- Camp 2 : 6,600mr 21,500ft 425hpa
- Camp 3 : 7,200mr 23,600ft 400hpa
- Camp 4 : 8,200mr 26,000ft 350hpa
- Summit : 8,848mr 29,029ft 325hpa
- Extra : 9,600mr 31,500ft 300hpa

2. Summit Window suggestions++
- Today (11th) and tomorrow (12th) the atmospheric conditions will be good but the wind at most levels of the mountain may gust out of safety limits.
- Today (11th) and tomorrow (12th): the combination of these high winds and low temperatures create a situation with a high risk for frostbite.
- From the 13th of May the wind turns mostly into safe limits - take in account that we will have to deal with an unstable type of weather and this can introduce unexpected strong gusts at nearly all levels of the mountain. this is valid especially during strong convective events - pronounced cumulus/cumulonimbus like clouds
- typical for this type of weather is that sunny spear skies can rapidly change into overcast/showery/poor conditions. Mostly the activity of these convective cells will remain 7/7500m but occasionally tops up to 8500m or even higher are possible.
- at this stage it looks that in general the wind will not be a problem from the 13th of May but the building clouds will be. Till the 17th the convection seems to be not too bad but from the 18/19th it looks like the amount of precipitation becomes more significant.

3. Upper Air pattern and evolution:
- Jet stream position on 12 utc_12May 2018
- The axis of the upper trough that came across yesterday is now positioned over the extreme east of Nepal. This means that the upper winds over the Himalayas has now turned to the NW to N and this brings an unstable air mass from China towards the Northern Side of the mountain range. Today and tomorrow the air mass is still relatively dry so the cloud formation is not too abundant. But once the air mass will contain more moisture, from the moment it rises along the northern slopes of the range it will form significant convective cells.
So we can expect from the 13th of May a daily schedule of sung spells in the morning, then convective clouds building with tops possibly up to 8/8500m with showery outbreaks later in the afternoon or evening. There is an indication that the intensity of the convection will increase as this period continues.

- Jet stream - further evolution
Today and tomorrow we are situated at the back side of the trough that came across yesterday. This part of a trough is traditionally the least active part of an upper trough. So this implies that today and tomorrow the conditions will remain ratter stable with some minor convective development.

Page 1

珠峰天气预报分析的首页

今天是 5 月 13 日，也是一年一度的母亲节。虽然这个母亲节并不是中华民族的传统节日，但多一个节日来感谢天下的母亲们，我也是非常欢迎的。远在珠峰大本营的我是没法当面和妈妈一起过母亲节了，但是通过视频我给妈妈来了个大大的惊喜。珠峰大本营的 Wi-Fi 信号很不稳定，而且价格不菲。同时由于昆布咳，我说话很费劲，能不说就不说。所以，我们交流一般是留言、文字，偶尔语音通话，非常非常少视频。但今天一大早，我就给她打了个视频。妈妈显然没注意到今天是母亲节，当通过视频看着我祝福她节日快乐时，她喜出望外的表情对我来说真的是无价的。不过仅仅视频了一两分钟，她看见我不停地咳嗽，就让我赶快别视频了，并告诉我这是她收到过的世界上最高的祝福，已经心满意足了，让我专心登山。其实妈妈不知道，这既是母亲节的祝福，也是我出发冲顶临行前的道别。说肯定能安全下山那是骗人的。没有任何人能 100% 保证下山的安全。说难听点，这也许是我们的最后一面。

结语：今天在大本营休整，同时认真研究了珠峰天气预报分析。全队决定后天凌晨出发。如果一切顺利，5 月 19 日将是我们的冲顶日。同时今天还是母亲节，祝天下的所有母亲们健康、快乐！

Day 40

我的“遗言”

2018 年 5 月 14 日

明天凌晨就要出发冲顶了。今天是最后一个休整日。尽管大家都不说出来，但所有人都知道此行有生命危险，也许真的就回不来了。而且从明天开始，连续 7 天没有 Wi-Fi 信号。也就是说我们会连续失联 7 天。所以，今天大家都以不同的形式跟家人和朋友们道别。我梳理了心绪，回顾了过去，小结了当下，憧憬了未来，顶着昆布咳，写下了冲顶前的真实内心感受。如果我遇到不测，这就算是我的遗言了。

登珠峰以来的感受

今天是珠峰之行的第 40 天整。这 40 天来，有各种各样的困难和五花八门的突发情况，当然还有意想不到的收获伴随着我。有位朋友说得好：“你这趟不算九九八十一难，也差不多是七七四十九难了。”但越是折腾、越是难受，坚持住以后就越是收获巨大。参天树木必经无数风风雨雨。

明天凌晨三点就要正式出发开始冲顶了，为期一周，这些日子没有 Wi-Fi。按照预定计划，5 月 19 日很可能就是登顶日。再次感谢所有朋友们这 40 天来对我的鼓励、支持、帮助、叮嘱和关心！！！在世界第三极的脚下，你们时时都让我感到我不是孤军奋战，而是大家和我一起拼搏、一起冲顶！我上去了，就是咱们一起上去了！

人的一生很短暂，总得给后人、给世界留下点什么。这个什么不是金钱，因为钱是有限的；这个什么是一种精神，只有精神才是取之不尽用之不竭的永恒的财富。而精神是通过具体的事情体现出来的，是通过持之以恒地做一些事情体现出来的。一个人的一生总得做几件值得让自己自豪和令后辈尊敬的事儿。

读书，从中学的常常排名中下，到毕业于哈佛商学院，而且毕业后在金融海啸里斩获5个世界级大公司的工作机会，站在主席台上，从Jay Light校长手中接过哈佛毕业证书的那一刻，是我学生时代最骄傲的时刻。现在回忆起来就好似昨天，历历在目。

工作，从Dell的一名小职员，到在华尔街老牌银行和在巴西主导中国对巴投资，再到联想集团担任董事长兼CEO的高级助理，并助力联想集团成为毫无争议的世界PC之王（这不仅仅是联想人的骄傲，更是中国人的骄傲），我自豪。联想Lenovo是毋容置疑地受到国际尊重的、来自中国的世界级企业和品牌（其他一些在国内知名的品牌走出国门后，难以登上世界舞台，这是实话实说而已）。这也是我十年职业生涯最辉煌的时刻。在联想的6年里，数不清的不眠之夜，近两百万公里的飞行里程，到几十个国家深入开展业务，多少个节日生日都是在飞机上度过的。现在回想起来，我真是太幸运也太幸福有了这样的奋斗机会！感谢联想！感谢元庆！

明天，在读书和工作之外，我要为另一个顶点发起冲锋：珠穆朗玛峰，世界之巅。她对大部分人来说是既熟悉又陌生的。我们从小就从课本里学习过她，在新闻里听说过她，但又有多少人见过她的真容，又有多少人想过去亲手抚摸她、拥抱她呢？全中国不到300人。那么为什么要吃这么多苦，费这么大劲，花这么多钱，耗这么多时间，来自讨苦吃攀登珠峰呢？因为对我来说，恰恰认为如此苦、累、险的珠峰都可以战胜，那么平时日常生活中还有什么难得倒我吗？登山精神与山下的工作和生活是相通的。缜密的计划，严格的准备，协作的团队，有力的执行，顽强的拼搏，勇敢的挑战，风险的把控，安全的撤离……这些不正是我们在工作和生活中所必须具备的吗？此次登山让我更加彻底地对这些精神有了切身感受。登顶与否，我都会尽可能地把这些攀登珠峰的精神传递给我身边的所有人。

无论我们是发小，还是刚刚加微信的朋友；无论我们是世交，还是萍水相逢；无论是天天见面的同事，还是相隔一个太平洋的 dear friends，在茫茫人海中多少人擦肩而过有缘无分，但我们能相遇相识，这就是不可多得的缘分。现在我从大本营向上远眺，天气依旧恶劣，连山形都看不见。但我，明知山有虎，偏向虎山行。

于智博

2018 年 5 月 14 日

镐指珠峰，明天出发！

Day 41

冲顶阶段开始！高反也如期而至

2018 年 5 月 15 日

凌晨 3 点，我准时起床。3 点半，在大帐里用早点。开水冲奶粉、麦片、煮鸡蛋清，除了这老三样，今天多喝了杯咖啡。4 点离开大帐，前往祈福台。外面一片漆黑，飘着小雪，没有风。几位夏尔巴协作已经在祈福台点好了火，正在往台子里面烧松枝。很快缕缕松烟便徐徐而生了。飘着松香，飞着白雪，所有夏尔巴人都默默不语地围绕祈福台走三圈，最后用额头触碰祈福台上的经幡，然后再向昆布冰川进发。他们认真严肃的神态，让还未完全进入状态的我立刻醒了过来。我们真正开始冲顶阶段的攀登了，成败就看这几天的了。我虽然不信佛，但也很虔诚地绕祈福台三周，同时心中默默祈祷平安。

我们纷纷打开头灯，鱼贯而行，第四次进入昆布冰川。冰川的前三分之一部分穿越很顺利，路线也基本上和前几次一样。有了前几次的经验，这次我沉着多了。可是昆布冰川是每天都在移动的，中间三分之一是坡度最陡、变化最多的部分。今天也不例外。这部分和之前我们走过的几乎完全是两个不同的路线。而且有好几处在没有安全索的情况下，都要手脚并用地爬行才能向上。在那几处完全无保护的地段，一失足就真成千古恨了。我是“惊出”了好几身冷汗。幸亏现在才 5 500~5 600 米，还不需要吸氧，否则我肯定已经喘得上气不接下气了。一路上，抬头是巨冰压顶，低头是有如黑洞般的冰裂缝。我们在“上下夹击”的夹缝里求生。在好几个地方，我想拍张照，纪念一下这些危险地段，但被夏尔巴向导劝住了。拍照浪费时间，现在的首要任务是快速安全地通过，别为了几张照片而冒生命危险。他说得非常对，现在一切都靠后，安全通过第一。

经过了6个小时的攀登，在10点半，我抵达了一号营地。这个用时比我拉练时要快了近两个小时。而且，两周前拉练时，到达一号营地的时候我已经累得跟晕倒了似得，一头倒在了帐篷里。但今天，我却并不觉得很累。只是腿有点酸，有点饿，想喝水，但完全谈不上累坏了。看样子前期的拉练和休整确实有效果。拉练时，我们是在一号营地睡了一晚。但我们今天的计划是要一口气抵达二号营地。在一号营地仅仅是歇歇脚，喘喘气。今天的天气很好，没有风，阳光也足，晒在身上挺暖和的。大家背包里的能量棒、果仁、奶酪块、奶糖也都纷纷登场。要不是周围全是冰天雪地，我还以为是在野餐呢。这45分钟左右的休息很难得，也很必要。它为今天后半程前往二号营地起到了很好的承上启下的作用。大概临近11点半，我收拾好装备，起身向二号营地进发。

有了上次拉练的经验，我对西部冰斗有数多了，知道难点在哪里。不过由于拉练时是在一号营地休息了一晚再出发的，今天仅仅休息了45分钟，所以速度上不如拉练时快，毕竟早上已经攀登了6个小时。同时，今天我是在日照最强、温度最高的中午11点30分开始进入西部冰斗，再加上没有一丝的风，整个西部冰斗逐渐变成了一个露天大烤箱，紫外线把我们从上下左右四面包围起来。雪镜时时刻刻都要戴着，一摘下来就有雪盲的危险。而且越攀登越热，身上真是汗流浃背，但是又不敢脱羽绒服，怕图一时凉快而感冒。那个时候，我就在想要是前两天的大风能分一些给今天吹就好了。就这样被太阳烤着，穿着厚羽绒服，浑身流着汗，一步步地继续向前进。又攀登了大概4个小时，我终于在下午3点过抵达了二号营地。当时感觉

攀登20~30米的垂直冰壁，很平常

还不错。累，但在合理范围之内，不像之前直接累晕过去。

这次和拉练时一样，我们将在二号营地休整一整天，然后再向上攀登，所以今晚和明晚都会住在二号营地。上次我在二号营地时第一次有了高原反应，而且非常严重。至今我还心有余悸。这次已经有过拉练的经验，我心想应该已经适应这 6 500 米的海拔了吧。但我心里也没谱，只能期望不要有高反，因为那实在是太难受了！可是不走运的是，我的担心最终还是变成了现实。抵达二号营地 2~3 个小时后，我的头就开始痛。这种痛和上次拉练时是一模一样的，好似有个人拿着颗钉子一直在我后脑勺上使劲地敲。马上就是晚餐时间，可我毫无食欲。但是我的意识是清醒的，深知如果高反挺不过去，后面更高海拔的攀登就根本不可能了。所以，就算是头要炸开了，我拼了命也要硬挺过去！头重脚轻地把自己挪到了大帐里，希望和队友们在一起聊聊天，分散一下注意力能缓解高反。但很可惜，事与愿违。不仅没有起到我期待的降压作用，反而晚餐的味道让我觉得反胃，队友们的谈话让我觉得是吵闹的噪音，大帐里的灯光让我觉得刺眼，太难受了。我又硬撑着走出了帐篷，想在外面呼吸呼吸新鲜空气。可刚深呼吸了一半，就立刻严重地咳嗽起来。每一下咳嗽都觉得头快炸了。两眼已经变得非常难受，很难睁开。我弯着腰，双手撑在膝盖上，努力呼吸着。很想吐，但又吐不出来，这比喝醉酒难受不知道多少倍。最后，我饭也没吃，喝了几口水，就早早地钻进帐篷，希望能入睡，祈祷一觉醒来第二天就什么事都没了。可是整个晚上好似拉练时的翻版，我头痛欲裂，翻来覆去，咳嗽不停，彻夜未眠。我脑海里第一次出现了放弃的念头。明天如果还这样，我可能就真的不得不投降了。在 6 500 米就难受得连站都站不稳，更高海拔的攀登就想都别想了。不是因为体力不足，不是因为没有准备，不是因为缺乏勇气，不是因为天气恶劣，而是因为高原反应，我打心眼里不服和憋屈！这就好似在厉兵秣马了四年后才能登场一次的奥运会比赛即将开始前，临时宣布我由于突发感冒而失去比赛资格。比都没比就输了，之前的所有努力付之东流。真的心不甘！但现实往往是残酷的，现在严重的高反又实在是让我别无选择。

Day 42

“起死回生”的 Diamax

2018 年 5 月 16 日

昨天彻夜未眠，高反严重，我准备一早就找领队，跟他们说我放弃了，实在是痛不欲生。可是当我看见了领队，正要开口时，我忽然想起了电影里面和书里面的一个细节。有的队员在高反严重的时候，服用了一种药物，叫 Diamax。我在国内没听说过这种药，但既然外国影片和书籍里都有出现，那么我想应该还是比较常见的。这时，我抱着碰碰运气的心态问了一句夏尔巴领队。没想到他居然携带了这种药！但说实话，我并不知道这个药的药效能有多明显，毕竟电影里面的镜头是戏剧化过的。而且我现在已经高反严重了才吃这个药，还灵不灵？有没有副作用？不过现在头痛得厉害，我也顾不了那么多了，坚持要求领队给我一片。这时领队认真地警告我，吃了这个药的副作用是容易造成人体缺水，要不停地喝水，而且要不停地小便，同时手脚容易发麻。这些副作用恰恰又是在登山过程中很费时费力的风险点。我心里稍稍犹豫了片刻，但就算有这些副作用，说不定我还可以克服，若头痛不退，那我是绝对不可能再往上攀登了。管不了那么多了，先看看能不能治头痛吧！

Diamax 是一片白色的药片，大拇指指甲盖大小。看着并没有什么特别之处。保险起见，我先把它掰成两半，然后只吃了半片。半个小时后，神奇的事情发生了，我的头痛居然开始减弱了！当时我还有点难以置信，怕是一种幻觉。再等等，要确认。又过了大概半小时，头痛完全消失了！我真的觉得不可思议，那种感觉就像变魔术似的！好一个药到病除！那种感觉就像濒临垂危时，忽然重获新生！但是，尽管如此，我丝毫不敢大意，万一药力一过，高反又有反复呢？又过了大概

2~3 个小时，我忽然感觉到饿了。食欲回来了！这时正值午餐时间，我就像从来没见过饭菜似的，呼噜呼噜地吃了很多，但又有克制，心里清楚不能突然一下子吃太多。不过那顿饭绝对可以说是我在高海拔地区吃得最香的一顿。饭后，我忽然觉得犯困。是啊，昨天攀登了十几个小时，夜里又因为高反而失眠，到了现在能不困吗！？我回到帐篷，踏踏实实地睡了一觉。醒来后，头还是不痛，而且感觉精神多了。看样子药效真的很显著。晚饭前，我服用了剩下那半片。晚饭用餐正常。饭后，和队友们的聊天也恢复正常，甚至还打了会儿扑克。之后的睡眠也正常。从此往后的攀登过程中，高原反应就再也没有出现。所谓的副作用也不明显，至少我没有察觉。这片 Diamax 可以说是我这次攀登珠峰的转折点，或称其为“起死回生”药也不为过。没有它，我肯定就放弃登峰，下山了。有了它，不仅高反治愈了，而且我冲顶的信心更足了。大难不死，必有后福嘛！

氧气就是我们最好的朋友
（在二号营地，服用 Diamax 后）

Day 43

抵达“挂”在洛子壁上的三号营地

2018年5月17日

昨天服用了Diamax后，我睡得特别踏实。一觉醒来，我精神饱满。早上7点半，我们正式出发。今天的目的地是珠峰三号营地，海拔7 300米，这也将是我从未涉及的高度。两周前拉练时，我在距离三号营地还有50米垂直高度的地方彻底筋疲力尽，望了几眼三号营地后，狼狈地下山了。那种体力透支的累和看得见却摸不着的挫败感，我至今还记忆犹新。今天再次向三号营地进发，挑战不言而喻。有了拉练的经验，经过了一周的休整，加上昨天高反也消失，吃得好，睡得香，今天我虽然深知挑战严峻，但信心也很足。

今天的天气很好，又是个大太阳天，而且无风。这对于攀登平均坡度70度的洛子壁来说，是再好不过的天气了。这次攀登与上次拉练时，我做了一个调整。上次为了适应海拔和节省氧气，我完全没有吸氧。但今天是成败在此一举的关键时刻，我开始吸氧了。现在就开始背上4公斤的氧气瓶，对我来说也是一个难得的适应机会。因为未来几天的更高海拔攀登和下撤中都会一直背着氧气瓶。这还是我这辈子第一次背上氧气瓶，所以能多一个适应机会我求之不得。有队友开我玩笑说：“大于，你这是把攀登珠峰当训练了！”玩笑归玩笑，但我还是很认真地学习了这种俄罗斯生产的氧气瓶的运用方法。氧气瓶的阀门从0至4档，每0.5是一档，一共9个档。0档就是关闭，4档就是出氧量最大。档数越高，出氧量就越大。登山者能吸到更多的氧气，就会更有劲，但自然这时氧气的消耗速度也就最快。我今天决定开到2，试试中间档位。吸了几口，我并没有什么感觉。说不定到了更高海拔才有明显的作用吧。

洛子壁与昆布冰川同为珠峰南坡攀登两大天险。洛子壁与昆布冰川的一个巨大的不同点就在于路线。前面介绍过，由于冰川本身的移动，昆布冰川的攀登路线是每天都在变化的。可是洛子壁的攀登路线就一条，而且这条路线在登山窗口期都不变。这条路线是 4 月底和 5 月初，由冰川医生（也就是开路队）投入了相当的精力才探索并搭建好的。这条路线并不是台阶或者梯子，而是一条由多段绳索拼接而成的攀登路线。也就是说，大冰壁上加了一根小拇指粗的路绳，就是攀登洛子壁的全部路线设置了。剩下的就看登山者自己的造化了。不过好处就在于，这条路线和两周前拉练时是一样的。我已经攀登过一次了，重返“故地”心里有数。而且这次我吸氧攀登，心里就更有底气了。

一路上有惊无险，经过了 5 个多小时的攀登，在下午 1 点左右，我终于抵达了上次可望而不可及的珠峰三号营地。到了三号营地，我们几乎个个都累趴下了。但相比上次用了 6 个小时还没能到三号营地，我已经很满意今天的表现了。不过这个三号营地真是有点“名不符实“。一号和二号营地都至少是在一块平地上，但所谓的三号营地竟然是挂在洛子壁的大斜坡上。目测坡度有 45 度吧。坐着或站着都要时时刻刻小心，以免脚下打滑或者重心失衡而滚落洛子壁。我们队一共 5 个黄色帐篷。每个帐篷挤 3 个人。这个帐篷和在一号与二号营地是同等大小，但从未 3 个人一起睡过。不过这样的安排是相当必要的。首先，三个人用一间帐篷，就意味着我们可以少背一个帐篷攀登。在这么高的海拔攀登，多一根针都嫌沉，所以尽量能少带就少带。其次，三个人挤在一起睡，还可以抱团取暖。要知道在 7 300~7 400 米的海拔，夜晚温度会下降到零下 20 多度。再次，三个人的体重加装备重量可以让帐篷更稳固，降低被大风吹走的机率。最后，也是最重要的一点，就是三个人还可以互相照顾，特别是在有危险时。假设其中有一人缺氧或出了什么身体状况，另外的人可以迅速给他戴上氧气面罩或者呼唤其他人来帮忙。有的时候，这种照顾真的就是救人一命。

挂在洛子壁上的三号营地（后面就是珠峰）

罗哥、胡哥和我睡一个帐篷。我们三个账友处得还挺好，大家互相照顾。罗哥登山经验很丰富，时不时支我几招窍门。而且，罗哥是全队体力最好的一位。

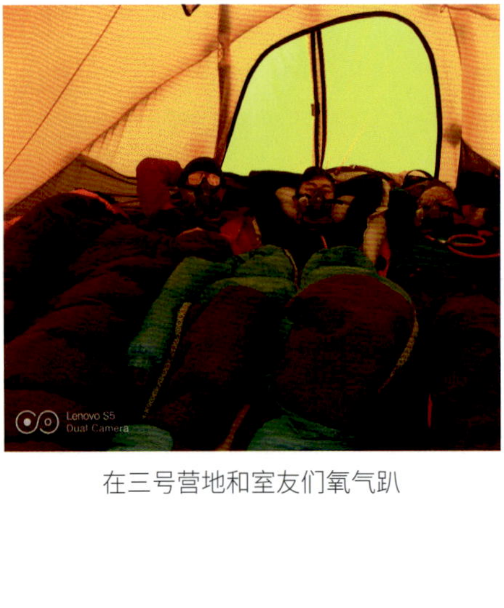

在三号营地和室友们氧气趴

无论是拉练，还是正式攀登，他总是遥遥领先大部队。他每每是在目的地都打了个盹，我们才姗姗来迟。能跟着罗哥的影子攀登是我的小目标。说到罗哥，不得再不提一句，他不仅登山厉害，而且姊妹对也打得炉火纯青。在我们队里，只有吴哥和他有一拼。这一趟珠峰攀登下来，我的姊妹对功夫也进步不小，算是个意外收获吧。胡哥的经验也很丰富，不仅足迹踏遍世界各地，而且曾经在南极探险。坚毅的目光配上飘逸又花白的头发，给我的第一印象就是很帅，非常有型，有点特种兵的感觉。胡哥话不多，但句句是掷地有声。从来没打过姊妹对的他，现在已经被我们发展和锻炼成牌友了。明天如果能顺利抵达四号营地，我们三人还是一起睡。

安顿好了帐篷，下面就该忙活吃的了。在这 7 300 米想吃美味是不可能的，能来点热的就已经很奢侈了。我们的夏尔巴协作把烧热的水倒进一个个巴掌大小的白色朔料口袋里，然后递给每个队员。这一切对我来说都是第一次，很新奇。接过来一看，是安心米。之前无论是在国内还是国外，我都没见过这个东西。不过仔细看了看包装，还有不少日文。再一看朔料袋里面，有米饭。原来是好似方便面的方便米。用热水泡上一段时间就可以直接食用。不过在这么高的地方，热水也会很快凉下来，然后结冰。所以，我把朔料袋的口封好，然后放进身着的羽绒服里。用羽绒服和身体来保温，尽量延缓热量散发的时间。这个热热的方便米在我羽绒服里有点像个热水袋，还挺舒服的。大概 10 分钟后，我很期待地打开了这袋安心米，尝尝是什么味道。原来是大米饭加了少量的咸菜末，吃起来有点盐味，仅此而已。估计要是在平原地区，这个安心米应该是就着各类下饭菜一起吃的。不过咱们在这 7 300 米的高度，能有热热乎乎的米饭吃就已经很难能可贵了。我一口气吃了两袋。

晚饭后，太阳开始慢慢落山。坐在帐篷外面，看着喜马拉雅山的夕阳，这幅景色美不胜收。不经历风雨，怎么见彩虹。这么美的景色只会留给历经风雨攀登到此的勇士们。我更加期待看看在珠峰顶上的景色是何等壮阔！

享受晚餐安心米

三号营地的夕阳美景

正当天色全黑，大家都准备回帐篷睡觉时，忽然山上传来了几声求救声，而且是中文的求救声。这个太意外了！大家纷纷打开头灯，沿着洛子壁往上寻找求救声的来源。我们看到了一位登山者正在试图下撤，但他蹲在离我们大概 30 多米的冰壁上求救。他说他实在是走不动了，能不能帮助他下到三号营地，并找到他的队友和他们的营地。我们的教练张宝龙很勇敢、很热心地开展了一次 7 300 米的高海拔小型救援。半个多小时后，他把这位筋疲力尽的登山者接到了我们营地。他坐在地上，连话都几乎说不出来，真的是累坏了。我给他递上了满满一壶热水。他几乎一口气把它喝完了。然后，他又吃了些巧克力、饼干、能量棒等食物。又过了一阵儿，他才慢慢缓过来。原来他们的队伍是昨天夜里冲顶，部分队员在今天清晨登顶了珠峰。但登顶后下撤并没有在 4 号营地休息一晚上，而是选择了直接下撤到三号营地。这样长距离的下撤，好处就是可以更快地到更低的海拔。海拔越低越安全。但短处也是显而易见的。冲顶珠峰人人都是拼尽全力。在这样的疲劳状态下，还要下撤到 7 300 米的三号营地，甚至更低的二号营地。这对任何人的体能都是一种极限挑战。俗话说，上山容易下山难。往往很多意外都发生在下山时。所以，在我看来，除非是顶级登山高手，这样一口气从珠峰顶下撤到三号营地的做法风险性相当大。这位求救者就是被他的队友远远甩在了后面，直到天黑，筋疲力尽的他有了求救的机会，终于接近了三号营地，而且他还不知道他们的营地到底在哪里。要是天再黑点，温度再降点，凭他已经耗尽的体能，估计会出现生命危险。他算是很幸运的，求救时刚刚好是晚饭后的时间，刚刚好在我们帐篷上面 30 米，刚刚好都是中国人沟通没问题。张宝龙教练在他“吃饱喝足“后，把他稳妥地交接给了他的队伍。必须给张宝龙教练的义举点赞！ 这位登山者的遭遇也深刻地提醒了我，未来的路会更加艰险，有更多不可预测的困难等着我呢。

Day 44

另一个 10 小时攀登，抵达人类海拔极限的四号营地

2018 年 5 月 18 日

今天凌晨 5 点半，我们全体出发前往海拔 8 000 米的四号营地。天微微亮，但是有别的登山队比我们还早，已经在我们前面攀登了。其他各国登山队也开始启程攀登。一时间，刚才还一片寂静的三号营地，忽然人声鼎沸起来，好像大家都商量好了在同一时间出发似的。不过洛子壁就只有一条路绳，所有登山者都必

看不见尽头的洛子壁的攀登中

须由此上山。那么人一多，就面临着排队或“堵车”。一个速度慢的登山者造成其后面的所有登山者都无法继续向前，这种状况在山上就叫堵车。有时堵一堵也不碍大事，甚至如果后面的人实在等不及，也可以“超车”，但有时堵车确实是大麻烦。特别是如果在海拔 8 000 米以上堵车，那就好似一直要在零下 30~40 度的天然冰箱里一动不动。再加上阵阵大风和冰雪，堵车就不仅是折磨人，而且会消耗登山者宝贵的体力，氧气和登顶黄金窗口时间，从而大大降低登顶机率，并大大增加事故风险。所以，我们的策略是尽早出发，避免堵车。

从二号营地到三号营地，我觉得已经非常艰难了，甚至第一次尝试都没能成功抵达三号营地。但从三号营地至四号营地的攀登难度大大超出了我的想象。原来洛子壁的三分之二是从三号营地至四号营地。70 度的大冰壁还有 2\3 有待攀爬。昨天已经把我累得半死的二号到三号营地路段还只是洛子壁的热身部分。仰头一望，悬崖冰壁高不见尽头，我心里真没底。但这时也想不了那么多了，摆在我面前的只有一条通天的冰壁。我只有一步一步地往上登，小心翼翼地踩下每一步，生怕有一丁点闪失，不然等着我的可真就是万丈深渊了。沿着洛子壁攀登了大概 5 个多小时，已经很累了，好似昨天的翻版。我以为终于快到了，因为已经看见悬崖的最顶部了。可谁知刚刚看到这个希望后，又立刻被打击了。等着我的是沿着悬崖的一段横切路线，然后紧接着又是一段几乎垂直的攀爬。我当时都快崩溃了。我以为横切路段能简单点，稍微缓口气。但走近一看，才发现那是一条被人踩出来的冰雪小径，最宽的地方能并排放下两只脚，相当多的部分只能落下一只脚。小径就是在 70~80 度的悬崖上横向被踩出来的。我们现在要干的事有点像特工电影里面，英雄人物从摩天大楼的一侧沿着外玻璃幕墙徒手爬到另一侧的感觉。不过我们是在接近 8 000 米的现实中攀登，稍不留神，等着我的就是比好几栋摩天大楼叠在一起还高的悬崖。别想了，我连看都不敢看，腿都有点发软。但这时，我身后居然还有人超跃了我！他大步流星地好似走在平地上。搞得我是哭笑不得，只有鼓起勇气，继续往前走吧！我就跟孩子刚学走路似的，一小步一小步、谨小慎微地往前挪，时不时右手扶着山壁，当第三条腿。这段路并不是很长，但由于高和险，我走了有两个多小时。心跳快得几乎要蹦出来了。大气呼呼地喘，大汗不停地流，把连体羽绒服都打湿透了。最后，在攀登了近 10 个小时后的下午 3 点半左右，我最终抵达了地球上最高的营地——珠峰四号营地，海拔 8 000 米。我再次刷新了人生的最高海拔，平生第一次站在了 8 000 米这一死亡高度。放眼全世界，能比我现在更高的地方也就只有 14 座山峰了。这里也是向珠穆朗玛峰顶发起最后冲刺的最后一个营地。从四号营地近距离仰望珠峰顶，她犹如一个巨型冰雪金字塔。这个庞然大物比我远眺时看到的珠峰要高多了，也陡多了，几乎又是一个洛子壁。但不知为何，我心里这时居然有点侥幸心理，觉得不是有人说珠峰只需要一步步走上去就行了吗？是真是假，明天真相大白了。

今天攀登了 10 个小时，加上心里高度紧张，甚至有些受到惊吓，我连一张照片都没敢拍。到了四号营地，我也完全没有力气和兴趣在这个世界上最高的营地看看，拍拍照。而是一头钻进帐篷，抱着氧气瓶，倒在防潮垫上，立刻睡过去了。在这个海拔高度，空气非常稀薄，但氧气不敢开太大，尽量省着用。四号营地位于珠峰和洛子峰之间的山坳，比较平缓，但同时也是一个巨大的天然风口，一直不停地刮风。营地里的所有帐篷都被刮得哗啦哗啦响，好像随时有被吹走的危险。人很难睡着，最多就是迷迷糊糊而已。可我似乎连迷迷糊糊都还没来得及呢，就被我们的领队叫醒了，通知我们为了避免堵车，今晚 8 点就出发冲顶。什么？ 我们今天白天玩命攀登了 10 个小时，已经累得半死，又没吃什么东西，现在竟然通知我们在 4 个小时后就去挑战难度更大的世界之巅。这不就好似以强弩之末去挑战最强对手吗？虽然我知道一般冲顶都是夜里开始，但至少也是午夜或者次日凌晨。这晚上 8 点就开始冲顶，那不简直就是轮轴转吗？！算了，我现在说什么也没用，还是赶紧抱着氧气瓶再眯一会儿吧。

Day 45

10 级大风，零下 40 度，12 小时攀登，8 小时下撤，目睹 3 具尸体，双脚冻伤，终于站上世界之巅

2018 年 5 月 19 日

今天是我人生中值得永远纪念的一天。早上 8 点 30 分，我站在了地球最高点，并在那里停留了 7~8 分钟。但这 7~8 分钟实在是来之不易。不仅是我最后一天的艰难冲顶，而是这整个 45 天的攀登鏖战，乃至我过去一年付出的努力终于摘到了胜利的果实。

头天夜里 8 点，大风刮得很厉害。我们全队人员整装待发。我们也是当天所有登山队伍里最早出发冲顶的。在一片漆黑里，仅仅靠头灯我很难辨别出所有队友。但我看到了共用一个帐篷的东哥和吴哥。走上前去，分别给了他们的人一个紧紧的拥抱，然后双目对视，并送上一句“加油！”我发自内心地希望所有队友都可以登顶，也都可以安全返回。但在这 8 000 多米的死亡地带，任何事情都有可能发生。每一次告别，都有可能是永别。我们每个人唯一能做的，就是照顾好自己，全力以赴冲顶，再全力以赴下撤。

一开始，我处于全队第二的位置，努力地跟着罗哥的步伐前进。大概 1 个多小时后，我被罗哥渐渐拉开距离，而且我明显感觉越走越累。这时候，我的夏尔巴向导来到我身后，帮我把氧气阀门从 2 档调到了 3 档。忽然我就觉得有劲儿了，而且感觉非常明显。接着，我向上攀登的速度明显加快，甚至逐渐追上了罗哥。这是我第一次体会到氧气的力量。又攀登了大概 1 小时，一路领头的罗哥忽然停了下来。他示意我接着向上攀登，别管他。我心想这可太反常了。如果我们队里

只有一个人登顶，那个人一定就是罗哥。但现在他居然停了下来。珠峰攀登真是不可预测！祝罗哥好运！

一路真是几乎垂直向上。之前的攀登是越走越热，但这回却是越走越冷。气温在 8 000 多米的海拔已经是零下 30 度左右，而且越往上攀登，气温越低。再加上一刻不停的大风，我估计体感温度大概在零下 40 度左右。尽管我穿了专业登山靴、保暖内胆和两双厚羊绒登山袜，还没到第一个换氧气的地点，我双脚的所有脚指头都已经失去了知觉，而且是完全失去了知觉。手指的感觉还好，因为每隔一段路程就要栓路绳和换安全锁。这时候我需要做个决定：要么接着向上攀登，双脚有可能被严重冻伤，甚至有截肢的风险；要么下撤，希望双脚能恢复知觉，就此结束珠峰冲顶的尝试。最后，我内心深处的声音告诉我：要想登顶珠峰，哪能没有代价，就算是最后被截肢，我也认了！

垂直向上攀登，向下有 8 700 米

大风中的希拉里台阶和珠峰顶

不过这样一刻不停、不吃不喝、似乎永远没有尽头地摸黑向上攀登，总得有个喘息片刻的机会啊！我似乎接近极限了，快爬不动了。终于在摸黑攀爬了 6 个多小时后，我坚持到了一个叫“阳台 (balcony)”的地方（如果单独把阳台拿出来，它 8 400 米的海拔已经是世界第六高峰了）。那是一个方圆 10 平方米左右的突出在悬崖上的稍微平缓一些的坡地。我一屁股瘫在雪地上，能坐下来可真舒服啊！几乎所有的登山者都在阳台更换氧气瓶、喝水、吃东西。真是太有必要了！这 6 个小时的攀登中，我是滴水未进，口渴难耐。可正当我想喝口水润润嗓子时，才发现我辛辛苦苦背上来的整瓶水都已经被冻成一个大冰块了，连盖子都冻上了，怎么也打不开。攀爬了那么久，累暂且不说，还非常口干舌燥，想咽口唾沫都挤不出来，前面还有那么长的路要爬，现在居然没水喝，这不是要命吗？实在没辙了，我只好厚着脸皮找副领队包一飞讨杯水喝。包一飞领队带的是热水壶，但盖子也被冻上了。他又敲又砸地终于打开了盖子，给我倒上了一杯。我一饮而尽，像救命水似的。在这里，我必须正式感谢包一飞领队的义举！在多一根针都嫌沉的珠峰攀登中，每个登山者都尽量减轻背包的重量，只背非背不可的必须品。水在极高海拔地区是极其珍贵的保命的东西，每个登山者都只会携带够他 / 她自己用的量。包一飞领队分一杯他的水给我，实际上就是他少了一杯自己的水。而少了这杯水，就有可能造成他的登顶或许会失败，至少风险增大。他是冒着威胁到他自己的风险给我的那杯水。必须感谢包一飞领队的慷慨！另外，他并没有因为我这个登山新手的错误（没有准备热水壶）大发雷霆，而是非常耐心地让我别害怕。这样的领队实在难得！

喝完水后，我需要补充一些能量。为了相对保暖，我把能量棒都放在了我羽绒服内侧的胸前口袋里。但没想到，本来柔软的能量棒也都被冻成了冰棍。我使劲把钢笔长短的能量棒掰成两半，然后往嘴里塞了一块。过了好半天才开始软化。这才算吃了今天第一口东西。昨天攀登了 10 小时，只休息了 4 个多小时，仅仅吃了半碗泡面，然后今天就又爬了 6 个小时珠穆朗玛峰，再强健的体魄也扛不住这样的消耗啊！这时我恨不得直接来点兴奋剂！

换了氧气瓶后，我以为坡度不会那么陡了，甚至幻想是不是接近顶峰了。没想到恰恰相反，不仅坡度更加陡峭，而且我在黑夜能看出来是走在一米宽的山脊上。我用头灯晃了一下左边，又晃了一下右边，发现都是深不见底的悬崖！当时我立刻就不敢再看，牢牢地握住路绳，只敢盯着正前方。我心想，其实摸黑登山还有一大好处，那就是你看不见身边的危险，恐惧感就会降低，可以相对放松地攀登。

接着，在向上又攀登了 2~3 个小时后，我在一段垂直的岩壁上遇到了“堵车”。前后一共 20~30 位登山者脸贴着岩壁，挂在那里一动不动地等待着能继续往上攀登。大风是越来越凛冽，还时不时刮起一阵冰加雪，仿佛是在不停地动摇我、阻拦我、打击我，警告我世界之巅后续的攀登会更加艰险。这时候大概凌晨四五点钟。中国西藏一侧的天际线已经开始蒙蒙亮，很美，但很可惜我一张照片也没拍。倒不是我不想拍，而是风实在太大，我怕手机被吹跑了。日初确实很美，尤其是在 8 500 多米的高空欣赏，但对登山者来说，它也有危害，那就是刺眼的光芒和冰面雪面的反光很容易造成雪盲。这个时候，我应该第一时间戴上雪镜，可是我忽然发现我又犯了一个低级错误。雪镜在背包里，可是我现在没法在悬崖峭壁上从背包里面翻出雪镜来。有经验的登山者会把雪镜放在羽绒服前胸的口袋里，以便于佩戴。我顶着越来越刺眼的阳光坚持攀登了一小会后，遇到一个稍微可以靠一下的地方，就迅速戴上了全新的为了冲顶而准备的雪镜。可谁知还没走几步，这么专业的登山雪镜居然开始起雾了！在这么危险的地方居然看不清楚，这不是要命吗？！可现在我别无选择。为了减轻重量，我只带了这一副雪镜冲顶。不用它就等着雪盲。我只好走几步就停下来，擦一下镜片，同时祈祷起雾是暂时的。登山速度被大大放缓。可谁知擦着擦着，雾开始擦不掉了。我纳闷的摘下来一看，原来雾都冻成冰了！这时候，我心里先是一阵紧张，紧接着居然扑哧一笑，这可真是到了绝高海拔地带！心里莫名其妙地升起一股好胜之心，我倒要看看珠峰还能抛出什么其他花样的困难来阻拦我冲顶！

看看这个冰壁有多陡！

看看这个冰壁有多陡!

我就这么半瞎着接着往上攀登。眼瞧着上面没路绳了，觉着应该快到山顶了，心里不禁一阵兴奋，开始倒数：8 841、8 842……8 848，哟！怎么还有那么长、而且那么陡的一大截路啊！？原来这个地方叫南峰顶，海拔 8 700 米，是珠峰的一个卫峰。南峰如果单独拿出来，就是世界第二高峰。但它离珠峰顶至少还有 2 个小时的攀登距离。这里也是 1952 年，瑞士登山队下撤的地方。我现在完全可以理解为什么当年他们曾把南峰顶误认为是珠峰了。在南峰，我第二次更换了氧气，为冲顶做足准备。不过今天山顶的风实在是太大了。大到我这么喜欢照相的人，居然不敢把相机拿出来。现在倒不是怕相机会被吹走，而是怕我自己会被吹走！在 8 700~8 800 米的高空刮大风，就好似你开着窗户坐飞机。凛冽的风声犹如喷气机在耳边发动，震耳欲聋。零下 40 度的超低温加上 10 级大风，而在前方等待我的是“伶牙俐齿”的著名的“希拉里台阶”，体力已经接近极限的我在南峰蹲了足足5分钟，呆呆地观望着眼前的这一切。实在是太危险了！我想放弃了，真的想扭头就下山，毕竟保命要紧。65年前，装备比现在落后许多，人类是怎么登上去的？太疯狂！太勇敢！也太了不起了！突然我的脑海里浮现出哈佛游学友人王石先生冲顶的样子，也正是想到这儿，我的勇气突然又上来了。王石友人都行，我凭什么不行？上！这南北横向的大风吹得我彷佛随时可以直飞西藏。我真的就像蜗牛似的一步步非常缓慢地挪向珠峰顶，生怕脚下打滑。此时我心里不停的重复着一句话：再多走一步……再多走一步……再多走一步……

2018年5月19日8点28分，我终于登上了世界之巅——8 848米的珠穆朗玛峰。按理说，此时应该是值得庆祝的时刻，但奇怪的是，我当时毫无喜悦感。我想到的第一件事竟然是我不能死在这儿，一定要安全下山！我在顶峰的经幡堆前磕头告慰了奶奶的在天之灵，然后迅速拍了几张照后就开始下撤了。经过半年多的准备，40多天的攀登，数不清的困难，才最终成功登顶，但我在珠峰顶待了一共不到10分钟，连北坡那边的景色我都没兴趣看。而且，所有照片都是坐着拍的，因为我根本不敢站起来，风太大了，生怕被吹下去！其中绝大部分照片是为合作伙伴们拍的。当时为了能从背包里拿出每个logo板，我冒着极大的手会被冻伤的风险，摘掉了羽绒手套，在零下40度和刮大风的环境下，赤手举板拍照。答应了别人的事情，拼了命也要说到做到！

大风视频

世界之巅

哈佛大学历史上，第一位登顶
世界之巅的毕业生，感谢母校！

创业就是拼命，用生命为公司代言！

感谢老东家联想！

感谢探路者！

感谢天府国际基金小镇！

感谢郎酒青花郎！

感谢 HIGGS！

So Real 成为世界首个
站上世界之巅的VR品牌！

登顶只是完成了任务的一半，还有一半是平安下山。俗话说得好，“上山容易下山难”。我这回是彻底领悟了其真谛。如果大家觉得上山过程已经很危险，但真正的险情全都出现在下山的过程中。我计划用两天时间从珠峰顶下撤到大本营：今天到四号营地，明天到二号营地，后天回到大本营。昨天攀登了 10 小时，今天已经攀登了 12 个小时，两次攀登之间仅仅休息了 4 个多小时，我现在已经是筋疲力尽。更雪上加霜的是，对于我这个登山新手来说，下山又恰恰是我的短板。但是，此时必须咬紧牙关、打起精神，因为在这个海拔没有任何人可以帮得上忙，只能靠自己下山，否则真就是死路一条。

下山途中（左边背对的人是我）

下山和上山都是同一条路。上山时，注意力全都集中在前方的山顶，其实并不觉得恐惧。但下山时，转过身来面向曾经攀登过的路时，才意识到 8 848 米是多么的高，那路线是多么的陡峭，恐惧感油然而生。手握路绳，面向深渊，踩着悬崖往下走，这种感觉很像蜘蛛侠！我非常紧张，走的速度非常缓慢，而且还没走几步就已经气喘吁吁、浑身冷汗。一般登山者下山的速度会比上山快很多，但我的进度似乎和上山差不多，而且感觉更累。下了 4 个多小时，我终于到了阳台，再一次累得瘫坐在那里。好几个比我晚登顶的人都已经超过我了。此时风停了，蓝天白云，景色出奇的好，终于找到了点一览众山小的感觉。但此时我依旧对拍照兴趣全无，满脑子想的就是如何安全下撤。又下了大概半小时，突然我脚下像踩空了似的，头朝后滑倒在冰壁上。我立刻开始沿着冰壁快速滑落。这时我拼了命地抓住路绳，力争停止下滑。这仅仅 3~4 秒的冰壁滑落，感觉像是 10 分钟，非常恐怖！我挂在冰壁上喘了好一阵儿才缓过神来。怎么会打滑了呢？仔细一看，我右靴的冰爪竟然松了。冰爪仅仅是靠鞋带连在靴子上，还没有完全脱落。如果冰爪完全脱落，那我根本没可能继续下山了。在冰壁上，没了冰爪就好似没了腿脚。这时我也顾不得去分析冰爪松开的原因，唯一想的就是怎么能够重新绑好冰爪继续下山。在山上停留的时间越久，风险就越大，而且下午的天气往往没有早上的稳定。可我现在这个角度是无论如何也够不着自己的脚，而且没法单手绑冰爪，一松开手又会继续下滑。走在我前面的夏尔巴向导竟然不愿意回头向上爬区区十几米，来帮我重新绑好冰爪（至今不得其解）。我只好被迫挂在 8 000 多米的高度干等着，祈祷后面下山的人在经过我时，有好心人能帮我绑上。从我身边过去了 5~6 个下山者，没有一个人停下来。那时候我真正体会到了珠峰攀登的残酷。如果受了伤，走不动了，可真的没人能帮你，只能看自己的造化了。等了大概 15 分钟，终于有一位好心的 IMG 队的夏尔巴向导帮我绑上了冰爪。可万万没想到的是，我重新往下走了没两三分钟，冰爪再次松开。我也再次沿着冰壁滑落。这次滑落的距离更长，我都喊救命了！拉住自己后，我说什么也不敢再往下走了。喘着大气，冷汗狂飙，死死地拉住路绳，那时候的我都急得快哭出来了！冰爪脱落这种极小概率事件怎么会发生在我身上？而且还是两次！又是一次十几分钟的等待，又是一位其他队的好心的夏尔巴向导帮我绑上了冰爪。再次起身出发的我，在几分钟后，居然经历了第三次冰爪脱落。当时我已经无语了，似乎见乱不惊了。

不过这一次，我自己的向导就在身边，他帮我完全取下冰爪，伸长了一扣后，再次绑上。之后的下山路上，再也没有出现过冰爪松开。在 8 000 多米的超高海拔下山时，能经历三次冰爪脱落，我绝对算是世界上极少数的“幸运儿”之一了。

在下到接近四号营地的最后几百米时，我几乎随时可以倒地立刻睡过去。那种疲劳是我毕生从未体验过的，每一丝力气都被榨干了。走路都是晃荡的，轻轻一碰就会倒地。说实话，当时脑子里一片空白，纯粹是凭着意志力在艰难地往前迈步，有点像僵尸。坚持再坚持，终于在接近下午 4 点时，我回到了四号营地。找到了帐篷后，我连成功登顶又安全下撤的喜悦都没来得及感受，就倒头睡了。在过去的 35 个小时里，我一共在 8 000 米以上的海拔攀登和下撤了 30 个小时。那种累难以用言语来形容。任由外面大风吹打，那一觉我好似睡在五星级酒店的床上，睡得特别沉。

下山路上和珠峰再合一张

和吴哥躺在珠峰脚下合影

Day 46

上山容易，下山难——飞来横祸

2018年5月20日

几近累得虚脱的我昨天睡得很沉。今天一早，四号营地典型的呼呼大风刮得我们的帐篷哗哗作响，似乎随时可能被连根拔起。被风声和帐篷声叫醒的我，用湿纸巾擦了擦眼睛，喝了口热水，穿戴好装备，准备向二号营地下撤。可这时候，我发现我居然穿不进去高山靴了，而且双脚一碰就疼。连续两天高强度攀登让我的双脚肿胀起来，而且十根脚指头依旧没有丝毫知觉。但这时顾不得这么多了，我咬着牙忍着痛把脚强行塞进了高山靴。就穿高山靴这么一会儿，我都已经出汗了！这可能是今天下山行程的一个警示性开头吧。经历了昨天下山的惊险过程，我深知今天又会是一场恶战。

所有的重量（几十人和行李）都挂在了这两根绳子上了（冰壁是几乎垂直的），真正的命悬一线

由于我不放心把我的生命托付给昨天陪我下山的夏尔巴向导，我今天的向导换成了年近50的经验丰富的昂次仁，也就是之前提到过的昂大。他并不是手把手式的向导，而是教练式。指导我应该怎么做，并示范给我看，但他不会直接帮我代劳。在我担心挂错锁或打错结时，他会很有耐心地帮我检查，并给予

昂大和我在下山途中

纠正。在我面对险情害怕时，他会很冷静地鼓励我，给我一种这是小事一桩的平静感，令我的信心骤然大增。一路上，他一前，我一后；他背拉式，我也背拉式；他前拉式，我也前拉式；他超车，我也超车；他让路，我也让路；他休息，我也休息。这种形式非常奏效。虽然依旧很累，但我们的下降速度却不慢。而且慢慢地，我就用不着吸氧了。

在下撤到三号营地附近时，我居然还碰到了一位“老熟人”——尼玛夏尔巴。尼玛就是我 2017 年 10 月攀登岛峰时的向导。28 岁的他已经 8 次成功登顶珠峰。这样的登山高手带我一个从未涉足雪山攀登的新手去爬雪山，是名副其实的杀鸡用牛刀，好似大学教授教小学生数学。一路上，尼玛不仅很有耐心，而且教了我许多登山技巧。在我成功登顶岛峰后，尼玛对我说：“Lawrence, 你知道吗？你的运动天赋很好。我觉得如果你投入一些训练，未来攀登珠峰是有可能的。”之前每次和人谈起攀登珠峰, 好像都要先去登 6 000 米雪山, 然后去登 7 000 米雪山，接着去登 8 000 米雪山，最后才可以去尝试挑战珠峰。我想他们的看法都不错，但也未必那么绝对，毕竟每个人的身体素质、心理素质和学习能力都是不一样的，凡事皆有可能。正是尼玛这番话，让我觉得攀登珠峰不是梦。他这样的登山高手对我的评估一定是靠谱的。从那时候起，我开始认真地考虑跳过 6 000 米、7 000 米、8 000 米的雪山，直接挑战攀登珠穆朗玛峰。从某种意义上可以说，没有尼玛就没有我现在攀登珠峰。今天居然在洛子壁上错车时碰到了！我们两人都有点老友重逢、喜出望外的感觉。互相拥抱，互相问候。他赠糖给我吃，我倒水给他喝。当他得知我成功登顶后，他非常用力地和我击掌庆祝。我当然也衷心地祝福他能够第 9 次登顶成功（两天后，他成功登顶）。

下山途中巧遇我去年登岛峰的向导尼玛，我们在空中（7 800 米）叙了叙旧

今天一路下撤都挺顺利。就连天险洛子壁都没给我造成太大的麻烦。我到后来甚至还有点享受这种蜘蛛侠的感觉，因为不知道这辈子还有没有第二次这样的机会了。可正当我已经可以看见二号营地，还有最后一截绳索就完成洛子壁的下撤，然后就可以开始平缓地步行下撤时，一个血腥的意外发生了。那时大概是下午 2 点左右，日照强烈，是一天中气温最高的时候。我忽然听见头上方有“哒哒哒”的声音。赶紧抬头一看，一块菜板大小的石头从我的上方飞落下来。2~3 秒后，它从离我右肩两米左右的地方继续飞落而下。我边大声喊“落石”提醒下面的人，边顺着落石的路线往下看。在我下方 20 米左右有两个人，一个是昂大，另一个人我不认识。我也没去仔细看是否有人被砸中，因为那种概率还是挺小的，就接着沿着路绳往下降。当我离其中一人还有 4~5 米时，我被眼前的情景吓了一大跳！一位登山者满脸是血，一动不动地横向挂在冰壁上，全靠安全锁把他定住没有下坠。我以为他死了。这种电影里的场景发生在现实生活中，毫无心理准备的我突然心跳飞快，冷汗飕飕。怎么办？需要救他吗？这时昂大在洛子壁脚下大声呼唤我：“Lawrence, 赶快下撤！山上还有落石！”这时我意识到我自己也身处险境，必须保持镇静，迅速下山。可我要下山就必须从他身上爬过去，只有一条路绳。没有别的办法，我只好硬着头皮继续下降。在临近他的时候，我听见了他非常微弱的呻吟声。他还没死！我立刻告诉昂大，请他呼叫了救援队。从一个满脸是血、奄奄一息、横挂在洛子壁上的人身上爬过去，谈何容易！但这个时候必须保持冷静，稳住阵脚。我深呼吸了几下，然后每一步都像慢动作一样，迈一步、停一下，确认在冰壁上踩扎实了，再做下一个动作。当我终于爬到了他的身下，抬头再看他的时候，发现他下

方 1~2 米的冰壁已经被血染红了。大概 20 分钟后，我们亲眼看见救援直升机把他救走了，但他不知是死是活。他其实也是不幸中的万幸。因为救援直升机最多就能飞到 6 500 米，而他被落石砸中的地方刚刚好就是洛子壁的初始阶段。如果意外发生的地点再稍微高一点，那么直升机也到不了，他就很有可能成为珠峰的数百位丧生者之一了。后来听说他最终脱离了生命危险，真是谢天谢地！昂大和我及时呼叫直升机为抢救他赢得了宝贵的时间，从某种意义上来说，可谓是救人一命。在珠穆朗玛峰上，真是什么情况都可能发生！

不过这块落石的故事还没完。它在砸中那位登山者的头部后，接着飞落，不偏不倚地砸中了昂大的双膝。我下撤完洛子壁和昂大汇合时，看见他坐在雪地上。起初还以为他就是休息一下，但我仔细一看，他膝盖裸露，身边满地鹅毛。原来是那块落石砸中他双膝的同时，也割破了他的羽绒服。好在昂大没有骨折，就是疼得厉害。但他勉强站起来后，走路一瘸一拐的，速度极其慢。一路下撤，昂大对我耐心指导，现在该我照顾他下撤了。到了二号营地后，看着昂大的伤情，我心里明白他明天是不可能完成另一天险昆布冰川的下撤的。而他的公司保险又不包含这么高海拔的直升机救援。于是，我做了一个决定：我自己出钱请昂大坐直升机飞回大本营（7~8 分钟的飞行，但步行要 5~6 个小时）。尽管我并没有这个义务，昂大也没有想到，但我认为这 2 000 美元的直升机费用花得值得，至少算是我对昂大的一种感谢吧。

昂大在检查伤口，羽绒服也被切破

Day 47

终于回到大本营，10 个脚趾冻伤已无知觉

2018 年 5 月 21 日

今天的任务是从二号营地下撤到大本营。这也意味着，将要第六次通过昆布冰川。昨天晚上 9 点，传来消息，昆布冰川又发生了一次冰崩，掩埋了 300 多米的路绳。直至今天早上，那段路也依旧没有被修复。我们面临这一个选择：要么乘直升机下去；要么冒着风险步行下山。直升机要几千美元，价格极其昂贵不说，还需要排队，不见得今天能够出发。同时，如果乘直升机下山，我自己心里会有种“胜之不武”的感觉，觉得如果上山下山不是 100% 全程靠自己的双脚，就有点作弊的味道。考虑再三，我最终决定承担这个风险，步行下山。

早上 9 点半，我和队友东哥一起离开二号营地。上山时，从一号营地攀登到二号营地用了 4 个多小时。但下山时，我才用了 1 个小时左右就到一号营地了。一路上，除了几段沿着绳索下冰壁以外，都是下缓坡。我的状态挺好，步伐也挺快。越走海拔越低，大气含氧量越高，感觉越有劲儿。有一小段我甚至觉得我是在小跑。这可能跟我这时候开始对登顶成功逐渐有些喜悦感了有关。但是，我心里还是很清楚，现在我还没有完全脱离险境。昆布冰川还等着我呢！绝对大意不得，还没到庆祝的时候呢！

写到这里，我必须说说和我一起下山的这位队友，东哥。他是东北人，50 岁左右，人高马大，性格豪爽。一路上各种困难全不怕，练习时还特别刻苦，活脱脱一位硬汉。在冲顶当天，我在四号营地拥抱了东哥后，便向上攀登了。下一次见到东哥是在我已经登顶，折返下山路经南峰时。按照那时的位置推测，我大概快了东哥 3 个小时。说实话，那时候我心里没谱东哥是否还有足够的时间冲顶并安全下撤，但在

当时我还是再度拥抱东哥，给他鼓劲儿加油。再下一次看到东哥，已经是在接近二号营地的洛子壁上了。就是在洛子壁上喘息片刻时，东哥悄悄地告诉了我他冲顶日的曲折。原来不巧就是在冲顶日，那一整天他都在拉肚子。平原地区拉肚子的感觉想必大家都体验过。在这世界之巅拉肚子，那可真就是要了命。准备了 2~3 年，攀登了 50 天，居然在这最关键的时刻拉肚子，东哥所受的身心煎熬可想而知。而且，逐渐地，他的羽绒服和保暖内裤里已经遍布屎尿了。但就是这样，东哥依然没有放弃，忍着痛向珠峰冲顶。最终他冲顶成功！我很为东哥开心，也非常之佩服！下山后，我跟东哥开玩笑：您是世界上第一位拉肚子登顶珠峰的人！

我们在一号营地稍稍休息片刻就进入昆布冰川了。昆布冰川本来就是天险之一，而且很多事故往往就发生在体力下降和注意力不集中的最后阶段，所以我们格外小心。一路上，过了 7~8 个梯子，至少 20 多条冰裂缝。途中我看到了昨晚冰崩下来的冰球，足足有篮球那么大。试想如果在下撤途中正好赶上冰崩，抬头一看，全是篮球大小的冰球像雨点一般密集地砸下来，后果不堪想象。一路上尽是奇形怪状的冰墙、冰桩、冰块。我们用了近 4 个小时，才安全地通过昆布冰川，终于回到大本营！在那一刻，我才真正地松了口气。珠峰之行，我成功了！紧紧拥抱、振臂欢呼、仰天长叹……太不容易了，太有意义了，太神奇了……

第六次通过昆布冰川，翻越冰墙

测量一下昨晚冰崩落下的
冰块大小，我的冰镐是 75 厘米长

Day 48

老天终于赏脸，“允许”我们飞往加德满都

2018 年 5 月 22 日

今天的计划是从大本营乘直升机飞往加德满都。我本以为这是件很简单的事儿，不就是坐直升机吗？可在这高海拔地区，就是这么一个看似简单的事儿也没那么简单。昨天下午我们抵达大本营后，大家都归心似箭，一致同意当天就乘直升机返回加德满都。我急急忙忙地收拾好了所有行李，和大家一块儿来到了离大本营 10 分钟步行距离的直升机起降坪。能早点回家，大伙儿都挺兴奋的，有说有笑。可谁知这一等，就是 4 个小时！我们这里明明看着天气挺好，晴空万里，可是调度那边传来的消息就是山下大雾，直升机飞不上来。但是我们又不敢返回帐篷，因为说不定刚刚回到帐篷，直升机就飞上来了，那时侯再去起降台就来不及了，错过一次又要等很久，况且不少其他队伍的人都在排队呢。我们就只好眼巴巴地等着。每当听见有直升机“突突突”的声音，我们都会掂起脚，伸直了脖子，望眼欲穿般地盯着远方，可每次都扫兴地发现并没有直升机。就这样在户外一直等了 4 个小时，天都黑下来了，我们又纷纷从行李里翻出已经打包好的羽绒服穿上。最后无可奈何地背着行李回大本营了。

在大本营乘直升机飞往加德满都

今天一早 6 点，天才蒙蒙亮，我们就再次背上所有行李来起降坪等候了。今天运气不错，只等了一个多小时直升机就来了。我们兴高彩烈地登上直升机，一路上下俯视过去50天所经过的地方。雪山、青山、岩壁、松林、冰谷、河流，沿途风景顺着海拔的降低而变化，我的心情也逐渐的从珠穆朗玛峰转向了等待我的人生。我的下一个珠峰在哪里？

Day 49

CA438，中国成都

2018 年 5 月 23 日

今天是珠峰之行的收官之日。在加德满都稍作休整后，我搭乘国航 CA438 航班飞往成都。这 49 天来经历了很多波折，也收获了很多无价之宝。当航班落在成都的那一刻，我终于正式圆满地结束了为期 49 天的珠峰之行。回到了成都后，妈妈在机场迎接我平安归来。她见到我瘦了一圈，脸晒成了李逵，10 根脚趾都没有知觉，自然很心痛。但这依旧挡不住她的喜悦之情，见了我是又抱又拍，仿佛是看看我是不是真的回来了。上次我见她这么激动和兴奋应该是 16 年前我留学美国四年之久后首次回国的时候。在珠峰这段时间，妈妈和爸爸真没少担心我，估计他们的心都一直悬着呢。

不过我落地后，并没有先回家休整，而是直奔公司，第一件事儿就是去公司看看“阔别已久”的小伙伴们。我还特地在尼泊尔给每一位妥妥递的小伙伴准备了一件小礼物。可我万万没想到，一到公司，他们却先给我来了个惊喜的欢迎！害得我差点当场又“高反”啦！他们 60 多人全都身着专门为了庆祝这次珠峰行凯旋而订制的 T 恤衫。等我迈进公司大门的那一瞬间，“砰砰砰”的礼炮声突起，同时彩带彩条满天飞。紧接着就是一阵阵大家的欢呼声。我可是真心没有想到！大家和我拥抱，祝贺我，关心我，欢迎我回家……当时我突然热泪盈眶。可能在那一刻，我才真正意识到珠峰挑战真的成功了。历经七七四十九难，我真的安全回来了。喜极而泣！

刚刚迈进公司大门，就是一个 surprise

这一趟我要感谢很多人，但其实最要感谢的也是最容易被忽略的，就是你身边的人。我的好兄弟、好哥们儿和创业伙伴李中和姚耀； 68 名妥妥递科技的小伙伴们都是我的拥趸，都是我的强大后盾。没有你们的支持，我是不可能放心离开 49 天的，也不可能轻装上阵去攀登珠峰。我们还在重要客户面前，前无古人地从珠峰脚下和成都公司里进行了超远程、高海拔的新产品展示。换句话说，就算是在全世界范围内，又有几个公司可以做到我们这样？妥妥递科技的这次展示是独一无二的！现在我们已经是金融科技行业里唯一登顶珠穆朗玛峰的企业。我们的下一个目标就是要登上我们行业的珠穆朗玛峰！此次珠峰行的成功是我们全体妥妥递人的成功！谢谢你们！爱你们！

妥妥递科技全家福

后记

今天刚好是我成功登顶珠穆朗玛峰一周年，也是《登顶无捷径》的编辑和整理的收官之日。这本书从起初的酝酿和创意，到真正动笔、撰写和寄语，再到后期的编辑、排版、配图、设计、定稿、选纸和印刷，直到最终出版，总共历时一年多。这个过程丝毫不比攀登珠峰容易，途中历经种种困难，最后此书终于得以出版。可以说《登顶无捷径》的整个历程好似在笔尖上登了回珠峰。要感谢的人太多了，但在此，我必须特别感谢西南财经大学出版社的周晓琬女士和我的同事杨泰伦先生。从头到尾，晓琬和泰伦给予此书的支持是巨大的，是不可替代的。感谢你们！

写后记不仅仅是做个总结，而是要有感悟、有提炼，这样才有深度、有精神。登顶珠峰前前后后的两年里发生了很多事情。有好有坏，总体来说挺折腾。人生好似一场旅行。在这短短几十年里，你可以选择安安稳稳地留在平原地带，也可以选择风险极大地攀登珠峰，去折腾。平原地带的景色绝大部分人都有机会看到，但历经艰险站在世界之颠一览众山小的壮美就只有这极小部分人独享了。在人生的旅途中，大部分人选择了安稳，而我却选择了折腾。很多人不理解我为什么放弃世界 500 强高管高薪的工作，而拿着仅仅相当于原来收入的 5% 的微薄工资从零开始创业，而且是毅然决然地。这不是过得好好的，自己给自己找事，瞎折腾吗？没错，创业公司九死一生，甚至是九十九死一生。绝大多数创业公司在一年之内倒闭。能坚持到三年的公司更是凤毛麟角。创业者更是焦虑、失眠、白头、高血压等多种压力病的高发人群，更有甚者，英年早逝。所以，从某种意义上，选择创业就是选择了一条风险极高的登山之路。但我这个人偏偏就是爱折腾！就是爱尝试！就是爱挑战！对于人生这场旅行，我不太在乎时间有多长，而更在乎内容有多精彩。当然，如能既时间长而又内容精彩，那再好不过了！

攀登珠峰者都是准备就绪了才出发。创业也是准备充分了才开张。登山途中困难重重。创业路上的很多艰难困苦更是根本无法预见。攀登珠峰时总是面临着“是否现在下撤才是正确决定”的抉择。创业者也时常在放弃和坚持的念头中做斗争。攀登珠峰对登山者的身体消耗非常大，我 50 天内掉了 20 斤。创业过程中对创业者的健康损伤也显而易见。假设登顶成功了，但之后能否安全下撤还是未知数，而且下撤的风险更大。创业就更不知道何谓成功，因为即使企业做大了，也不可避免地有做大后的困难和痛苦。登顶的胜利感和上市敲钟的成功感都是短暂的快感，更多时间是面对之后接踵而来的考验。但尽管如此，我依旧选择了攀登珠峰、依旧选择了创业。人生难得几回搏，此时不搏更待何时？

小我一届的学弟 Jeremy 得知我登顶珠峰，表示祝贺，一晃大家都毕业十年了（摄于 2019 年 8 月）

现在我是成功登顶珠峰，并且安全回来了，但创业道路上依旧困难重重，云雾笼罩。说不定哪天形势大好，公司业务高速增长。也说不定哪天弹尽粮绝、拼到最后一口气，可还是像绝大部分创业公司那样濒临破产。不过无论创业路上的终点如何，能走上创业这条路，并且已坚持三年之久，对我来说就已经是好样的！要知道，不是人人都有机会、有勇气、有能力去尝试攀登珠峰的。尝试过攀登珠峰的人都知道珠峰有多难、多险。创业也是如此。就算最后失败了，那起码也是虽败犹荣，因为敢于尝试、勇于挑战、致力拼搏，不是谁都敢想，更不是谁都敢做的。创业和攀登一样，重在成长，重在阅历，重在自信。扎实地踩好每一步，一步一步地，总会抵达顶峰。

我的性格一向乐观，总是认为人生是美好的。其重要原因就在于我把人生路上许许多多的险峰看作是许许多多的机会去挑战、去成长、去一览众山小。只要今天比昨天有长进，岂不是每天都可以过得开开心心的？21年前，我离开父母，只身漂洋过海到美国高中留学；10年前，费尽九牛二虎之力从哈佛毕业；9年前，放弃国外的一切，回国效力；5年前，协助老东家联想集团勇夺世界PC之王的桂冠，创下民族品牌的第一高度；3年前，又放弃优厚待遇，毅然创业；去年，历经内外种种困难成功登顶珠穆朗玛峰……未来有什么样的险峰、什么样的挑战、什么样的景色，无人知晓。但可以肯定的是，如要一览众山小，艰难困苦折腾少不了。登顶无捷径。正在人生路上攀登的朋友们，咱们共勉！

于智博

2019年5月19日

Lenovo S5
Dual Camera

LA SPORTIVA
Lenovo 联想
HIGGS